AF241090

GUIGNOLS

ET

MARIONNETTES

AU LECTEUR

Messieurs, si par mon badinage
Je puis vous faire rire un instant,
Pour moi c'est un grand avantage
Dont je me trouverai content.
Mon seul désir est de vous plaire,
De vous amuser par mes jeux,
Et mon vœu le plus précieux
Est toujours de vous satisfaire.

Polichinelle

J. M. PETITE

GUIGNOLS

ET

MARIONNETTES

LEUR HISTOIRE

Nombreuses reproductions d'après les documents originaux.

PARIS

SOCIÉTÉ D'ÉDITION ET DE PUBLICATIONS

13, rue de l'Odéon, 13

EN MÉMOIRE DE SES JEUX

J. M. P.

PRÉFACE

Dans une ville de France, humble ou grande, il n'est pas de promenade plus délicieuse que celle où les enfants s'ébattent avec le joyeux délire de leur âge. La bourgade peut avoir l'air endormi, la cité peut être grise et enfumée. Ce coin devient un paradis frais et vivant, illuminé de jeunesse.

Là manque rarement de se dresser, sous un arbre séculaire, la façade coquette d'un théâtre de Marionnettes. Et c'est, pour deux sous, le même spectacle, qu'on soit dans les Champs-Élysées ou dans un jardin public de province.

Éternelle exhibition dont le charme est toujours neuf !

Au roulement de tambour qui éclate comme un tonnerre pour annoncer le lever du rideau, tous les bambins accourent et prennent place sur les bancs. La salle de spectacle est la plus somptueuse, la plus étincelante de lumières qu'on puisse imaginer. Le dôme, verdure mouvante, est criblé de soleil. Un invisible orchestre de moineaux prélude en sourdine. Les enfants se taisent ; la bouche ouverte, les yeux au rideau, ils attendent.

En dehors de la corde qui les tient éloignés, il y a les petits pauvres, les passants, les mitrons vêtus de blanc avec un panier en équilibre sur la tête, les modistes avec de grands cartons, des messieurs, même, très sérieux, avec une serviette sous le bras. Tous se sont arrêtés. Tous regardent...

Pan ! Pan ! Pan ! les trois coups traditionnels retentissent... Le rideau se lève.

Un personnage fantastique surgit : Polichinelle ! Être merveilleux dont on ne peut dire si c'est un géant ou un nain, couvert de chamarrures et d'or, vieux

2

comme le monde et toujours jeune. Il salue en grand seigneur, jette avec un sifflement bizarre le titre d'une pièce, exécute un entrechat et disparaît. Une ovation le suit.

Le spectacle commence. Comédie ou tragédie ? C'est l'un et l'autre, comme dans la vie ; on est secoué par le rire ou par la peur. Travers grotesques, hardies coquineries, actes d'héroïsme, tout ce qui abaisse l'âme, tout ce qui l'élève, tout ce qui la trouble, passe entre les quatre montants de bois d'une scène minuscule.

Docile aux fictions, l'assemblée des petites têtes blondes s'émeut. Elle interrompt la pièce, s'y mêle, avec ses trépignements de joie, ses murmures, ses indignations qui explosent. Elle prend part au drame et elle y prend parti ; elle y joue son rôle à la manière des chœurs antiques qui figuraient la foule. Guignol peut s'adresser à elle, lui demander son opinion. Vingt voix répondent au héros et l'aident à déjouer les embûches. S'il laisse échapper son bâton, un enfant, vite, le lui ramasse, glorieux comme s'il tenait un sceptre de roi.

Le rideau tombe, dans un éclatement de passions, dans de triomphales ovations.

Les enfants se dispersent, le cœur tumultueux. Ils recommencent leurs jeux, en rêvant à l'aventure dont ils viennent d'être les témoins.

Quel charme puissant est enclos dans ces pantins ! Quelle est la mystérieuse influence que ces objets de bois exercent sur les âmes ? D'où viennent-ils ? Quel génie les a créés ? Quel est le secret de ce théâtre ?

PREMIÈRE PARTIE

Histoire des théâtres de marionnettes.

POLICHINELLE, par ÉDOUARD MANET

CHAPITRE I

LES MARIONNETTES DANS L'ANTIQUITÉ
ÉGYPTE, GRÈCE, ROME

On raconte qu'un conférencier naïf, ayant à parler de l'alimentation, commença gravement par ces mots : « L'usage de manger et de boire remonte à la plus haute antiquité. » — « En êtes-vous bien sûr ? » aurait pu lui répliquer Polichinelle, pince-sans-rire.

Ayant à parler des marionnettes nous pouvons dire également, mais sans naïveté, que leur origine remonte aux âges les plus reculés.

Le jour où, pour la première fois, une petite fille posa délicatement sur ses genoux un morceau de bois figurant vaguement un être humain, et l'appela « sa poupée », ce jour-là naquit la première marionnette. Et ce geste est peut-être aussi vieux que le monde. La petite fille donna une âme à son morceau de bois ; elle l'enveloppa de son amour ; elle lui donna beaucoup de bonheur, et quelques chagrins ; elle lui fit généreusement cadeau de tout ce qu'elle sentait en elle-même, de ses défauts et de ses qualités ; aussitôt qu'elle fut coquette, elle ne manqua pas de reprocher à sa poupée le péché de coquetterie, bien qu'elle ne fût qu'un morceau de bois.

Les plus grands artistes du monde, les dramaturges et les poètes, n'ont jamais fait autre chose, en animant leurs sublimes créations, que d'imiter cette petite fille.

La première scène de comédie se joua sur ses genoux : l'enfant berça sa poupée, l'endormit contre sa poitrine, la réveilla avec des précautions maternelles, lui parla affectueusement et lui fit souvent la leçon ; la poupée ne pouvant répondre, elle inventa les réponses ; le plus émouvant dialogue de tendresse commença, ponctué de baisers, dialogue à une seule voix, très uni et très doux, qui se poursuivit de siècle en siècle et que continuent les petites filles d'aujourd'hui.

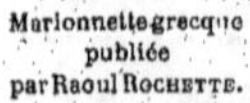
Marionnette grecque
publiée
par Raoul Rochette.

Les plus anciennes poupées dont on retrouve des traces reçurent les caresses de petites filles égyptiennes, sous une civilisation si lointaine qu'on ne peut indiquer de date. Les unes sont en ivoire, les autres en bois, articulées aux bras, aux jambes et à la tête ; elles figurent des corps de femmes et elles n'ont jamais de vêtements. Celles des enfants pauvres sont grossières, mais celles des riches sont sculptées avec grand soin. On a découvert aussi de minuscules pantins représentant des hommes ; leurs membres disjoints sont réunis par des chevilles ; les uns figurent des mitrons pétrissant la pâte, les autres des bûcherons armés de couperets. A l'aide d'un mécanisme ingénieux, un fil suffit à les faire mouvoir et à donner l'illusion de la vie.

C'étaient les premiers jouets. Comme maintenant, ces poupées avaient été données aux fillettes à l'occasion de leurs fêtes et les pantins aux garçons ; de nombreuses générations s'en amusèrent, à l'ombre des maisons blanches bâties au bord du Nil.

On les a retrouvées, après des milliers d'années, à Thèbes aux cent portes et à Memphis, capitale de l'Ancienne Égypte, villes aujourd'hui disparues, dans les tombeaux des enfants dont ils firent la joie. Les parents les avaient enfermées dans les sarcophages au moment d'ensevelir leurs morts adorés. Ils pensaient que pour accomplir le suprême et grand voyage, il ne pouvait y avoir de meilleur compagnon pour leurs enfants que les jouets préférés.

Il semble que, sous le rapport des joujoux, les enfants des Grecs
furent aussi gâtés que ceux des Égyptiens. On a trouvé dans les
fouilles, principalement à Athènes, autour de
l'Acropole, des figurines en terre cuite, dont les
unes, très petites, durent servir de hochets aux
bébés, dont les autres, aussi grandes que la plupart des poupées modernes, durent être souvent
dorlotées et embrassées par les fillettes grecques ;
ce sont des statuettes aux formes menues, habillées en femmes avec des tuniques étroites tombant
sur les jambes, ou s'arrêtant à la ceinture, quelquefois toutes nues, ayant sur la tête une sorte de
couronne. Pour les embellir, on les peignait de
vives couleurs que le temps a effacées. Rarement,
d'ailleurs, elles nous sont parvenues intactes ;
décapitées, manchottes ou boiteuses, voilà le malheureux sort que leur a valu leur fragilité ; il fallait
vraiment que les fillettes en prissent un grand soin
pour qu'elles ne fussent pas continuellement estro-
piées. Si, par malheur, dans un moment d'étour-
derie, elles laissaient échapper de leurs bras la
poupée chérie, elles ne la retrouvaient qu'en mille
morceaux.

Jusqu'à présent, nous n'avons vu que des poupées ou des hochets d'enfants. Mais, dans ce même
pays de Grèce, il y avait aussi déjà de véritables
marionnettes, jouant sur des théâtres.

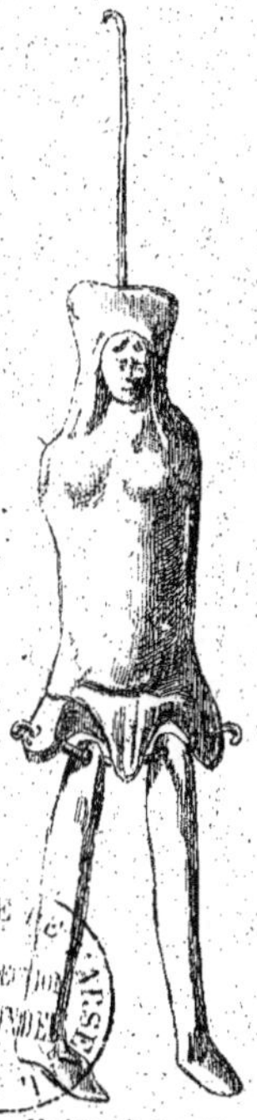

Marionnette grecque
Collection Campana.
(Extrait de l'*Art pour tous*.)

Les Grecs étaient le peuple de la terre le plus épris de spectacles
dramatiques : ils ne se lassaient pas d'entendre les tragédies d'Eschyle
et de Sophocle ; ils restaient des journées entières, assis sur les gradins
de pierre, malgré l'ardeur du soleil ; et quand les trois pièces qui
composaient le spectacle, jouées à la suite les unes des autres, étaient

terminées, la nuit descendant des montagnes violettes les surprenait, immobiles, sous le charme des vers harmonieux, car ils étaient aussi le peuple de la terre le plus épris de beau langage.

Chez les bavards Athéniens, les marionnettes ne pouvaient rester muettes. Sitôt qu'elles se mirent à parler, elles eurent autour d'elles un cercle d'adorateurs, composé non seulement d'enfants, mais aussi de citoyens qui abandonnaient le travail pour venir les écouter, comme ils faisaient quand un orateur agréable discourait sur la place publique. L'engouement fut tel et le nombre des spectateurs grandit à tel point que les archontes, c'est-à-dire les premiers magistrats de la république athénienne, durent autoriser les marionnettes à jouer sur le théâtre de Bacchus, où vibraient encore, en échos, les vers d'Euripide.

Marionnette romaine publiée par le Comte DE CAYLUS.

On éleva alors, dans l'intervalle des représentations tragiques, sur la partie du théâtre qu'on appelait orchestre, une charpente mobile avec quatre cloisons recouvertes de draperies, et suffisamment élevées pour que le montreur de marionnettes, manœuvrant les fils, ne fût pas aperçu du public : tous les théâtres

Marionnette romaine.
Villageoise de la Campanie.
Collection CAMPANA.
(Extrait de l'*Art pour tous*)

de marionnettes ont depuis été copiés sur ce modèle, et notre « castellet » moderne, c'est-à-dire la boîte d'où surgit Polichinelle, n'en diffère pas beaucoup.

Nous n'avons conservé aucune reproduction des marionnettes qui évoluaient sur les théâtres grecs. Nous savons seulement qu'elles étaient de grandeur naturelle; il était, en effet, nécessaire qu'elles fussent de taille considérable pour que les spectateurs, placés sur les derniers gradins, ne perdissent pas un de leurs mouvements. Nous savons aussi, par les écrivains du temps, que leur mécanisme avait atteint un très haut degré de perfection : leur visage pouvait se tourner dans tous les sens et s'incliner avec grâce ; au moyen d'un artifice dont nous n'avons pas conservé le secret, les yeux avaient une mobilité et une vivacité admirables ; les bras et les jambes se mouvaient avec tant de souplesse qu'on croyait voir des personnes vivantes. Pendant qu'elles exécutaient des pantomimes, un homme, placé devant le théâtre et ayant dans la bouche un instrument de cuivre pour varier ses intonations, faisait un récit concordant avec les gestes.

Marionnette romaine.
Suivante de Flore.
Collection CAMPANA.
(Extrait de l'*Art pour tous*.)

Marionnette romaine.
Villageoise de la Campanie.
Collection CAMPANA.
(Extrait de l'*Art pour tous*.)

Les marionnettes n'auraient pas de raison de vivre, si elles ne se moquaient des gens : leur irrespect faisait la joie des Athéniens, nés malins et moqueurs; leur malice, leurs manières de contrefaire les orateurs du jour, les politiciens, les philosophes gonflés de science et de fatuité, les poètes tragiques aux gestes inspirés, leur semblaient délicieuses et ils en goûtaient pleinement l'ironie. Les pièces d'Aristophane, le grand auteur comique athénien, ne les amusèrent jamais davantage, avec leur verve et leur gaîté.

On jouait aussi, dans ces petits théâtres de marionnettes, des pièces à grands spectacles qui frappaient vivement l'imagination naïve du peuple. En voici une : « Au premier tableau, la scène représente le chantier de constructions navales des Grecs, après la guerre de Troie, quand les chefs songent à rentrer dans leurs foyers. Douze personnages, rangés en trois groupes, figurent les ouvriers grecs qui construisent les navires sur les bords de la mer où ils vont les mettre à flots. Les uns scient du bois, les autres le fendent, ceux-ci jouent du marteau.

Lorsque les spectateurs ont assez regardé ce premier tableau, les portes du petit théâtre se ferment d'elles-mêmes et se rouvrent bientôt comme les deux battants d'une armoire. On assiste au lancement des navires. La mise à flots de leurs vaisseaux par les Grecs réjouit le public par sa vraisemblance. On applaudit et les portes se ferment de nouveau. Au troisième tableau, changement de décor. On n'aperçoit tout d'abord que le ciel et l'eau, mais dans le lointain commence bientôt à apparaître la flotte grecque. Elle approche, on la voit défiler en belle ordonnance. Les navires vont et viennent, s'éclipsant et se montrant tour à tour. Sur les côtés, s'ébattent des dauphins; ils plongent sous l'eau, émergeant ainsi que de véritables poissons. Cette manœuvre conquiert tous les suffrages[1]. »

Il n'y avait pas que le peuple à aimer les marionnettes. C'était un divertissement très goûté dans les familles aristocratiques : dans les festins et dans les noces les marionnettes égayaient les convives par leur fantaisie. Chez certains princes cela devint une passion ; on cite un souverain d'Asie-Mineure, Antiochus de Cyzique, qui oublia, en confectionnant ses marionnettes et en organisant leurs spectacles, d'habiller convenablement ses soldats et de fortifier ses villes.

____

1. Description de Paul Bonnefon, dans la _Revue de famille_, 15 décembre 1888.

A Rome, où tous les arts sont imités des Grecs, avec moins d'esprit et de grâce, nous trouvons également des marionnettes et des poupées.

Il faut même croire que les petites filles romaines, qui devaient devenir de rigides matrones, sévères et pratiques, avaient un cœur très tendre, car on trouve dans leurs tombeaux beaucoup de poupées, en os, en ivoire, en bois ou en terre cuite, peinturlurées de vermillon, de vert et de bleu. Ce sont des poupées solides, comme il en faut pour des mains maladroites ; elles représentent de robustes villageoises des provinces romaines, de la Campanie principalement, ou des personnages mythologiques, comme des suivantes de Flore, déesse des jardins et des fleurs. Les garçons avaient, pour s'amuser, des figurines semblables, représentant surtout des acteurs grimaçants.

Quand les jeunes filles arrivaient à l'âge de se marier et quand les jeunes garçons endossaient la robe virile, — événement aussi important que de nos jours l'endossement du premier pantalon long, — ils allaient vers les statues des divinités qui s'élevaient dans la grande salle de la maison, et déposaient à leurs pieds tous leurs jouets. C'était leur façon de remercier les dieux de leur avoir donné une enfance heureuse et d'indiquer que désormais ils se consacreraient aux tâches sérieuses de la vie.

Marionnette romaine.
Acteur comique.
Collection CAMPANA.
(Extrait de l'*Art pour tous*.)

Comme en Grèce, il y eut à Rome des marionnettes ; mais on sait peu de chose de leur physionomie, de leur caractère et des conditions dans lesquelles elles apparaissaient. Il est probable qu'elles étaient fort grossières et bouffonnes, qu'elles exécutaient le plus souvent des pantomimes accompagnées et expliquées par le chant d'un esclave, à la manière grecque, mais qu'on leur faisait prendre aussi parfois la parole, comme à ce Maccus, l'ancêtre de Polichinelle, dont nous parlerons ou comme à ce Bucco, personnage tout en bouche, dont l'énorme mâchoire faisait frémir les petits enfants.

A l'exemple des Grecs, les riches romains les faisaient parfois venir à leurs banquets, pour égayer les convives.

CHAPITRE II

LES MARIONNETTES AU MOYEN-AGE
ET SOUS LA RENAISSANCE

Les barbares qui envahirent l'Europe, détruisirent l'empire romain, et, bornés et brutaux, saccagèrent tous les édifices, les temples et les théâtres, restèrent pendant des siècles incapables de comprendre une œuvre dramatique. Les chétives marionnettes furent balayées dans la tourmente, qui dura du deuxième au dixième siècle.

Il a fallu vraiment qu'elles aient l'âme chevillée au corps pour ne pas mourir. Toujours est-il qu'au moyen-âge on les revoit, comme poussées par le hasard des vents, paraître ici, et disparaître, pour surgir plus loin et de nouveau s'évanouir, un jour en France, le lendemain en Italie ou en Espagne.

D'où sortent-elles ? La plupart du temps d'une misérable souquenille qu'un baladin nomade déploie au milieu d'une foire ou sous un porche d'église. Après une pitrerie, entre deux tours de passe-passe, le jongleur les tire vivement d'un sac et le temps d'un éclair les anime d'une vie miraculeuse : elles semblent obéir à sa voix, gesticuler selon les rythmes de son chant; un instant, elles incarnent un héros de légende, un saint Nicolas, ou un personnage de la Bible. Tout aussitôt, elles sont subtilisées par un art magique. Où sont-elles ? dans le sac, dans la souquenille du jongleur déjà disparu. Et les badauds, devant un cercle vide, ont encore dans les yeux la stupeur laissée par l'apparition prodigieuse.

Le jongleur ambulant s'en va de ville en ville avec son bagage sur son dos ; il s'éclipse sitôt apparu, car on peut l'accuser de magie. Il ne tient pas à être brûlé en place publique, après sommaire jugement, comme relaps et sorcier. Ses marionnettes auxquelles ses doigts agiles communiquent le frémissement de la vie, semblent enchantées et suffiraient à le désigner à l'attention soupçonneuse des juges. On n'est pas tendre, au moyen-âge ; l'ignorance rend cruel. Quand le génie de l'homme, ce grand magicien de la terre, arrive à la perfection dans un art ou fait une découverte, on crie à la sorcellerie et on expédie au bûcher le téméraire.

Certains baladins préféraient moins de mystère dans leur art, et plus de tranquillité dans la vie. Ceux-là, c'est le cas de le dire, montraient leurs ficelles ; ils ne donnaient plus le frisson d'une apparition surnaturelle, mais leurs exhibitions avaient encore souvent du charme. Ils allaient de château en château et construisaient des marionnettes capables de plaire aux seigneurs ; ils faisaient battre des guerriers dans des tournois ou des duels, et ils accompagnaient les combats de complaintes naïves ou de gaies ritournelles.

Une gravure trouvée dans un manuscrit du XIIᵉ siècle nous représente un de ces divertissements ; les bateleurs se tiennent chacun à l'extrémité de deux fils croisés ; en tirant sur les fils ou en les tordant ils font mouvoir les chevaliers, les lancent l'un sur l'autre impétueusement, les forcent à se donner de grands coups d'épée, d'estoc et de taille. On conçoit que ce jeu, d'une simplicité enfantine, ait plu aux farouches seigneurs qui ne rêvaient que de batailles et ait fait sourire les châtelaines qui se mouraient d'ennui au fond de leurs manoirs.

Le mécanisme était quelquefois plus simple encore : un seul fil attaché par un bout à une statuette fixe, par l'autre bout au genou de l'opérateur, traversait de part en part une statuette mobile qui s'agitait selon les inflexions du genou. L'opérateur, qui était ordinairement un ménestrel, avait ainsi les mains libres et pouvait jouer de son instrument. Un écrivain de la fin du XVᵉ siècle raconte que c'était merveille

de voir les pas et les gestes des marionnettes d'accord avec la
musique. Ces appareils n'ont jamais disparu ; on en retrouve au
xix⁰ siècle, presque semblables, comme le prouvent plusieurs gra-
vures de ce livre qui représentent les petits savoyards faisant
manœuvrer les marionnettes à la planchette.

Telles sont les seules marionnettes que l'on rencontre au moyen-âge.

Car on ne peut considérer comme jeux de marionnettes les machines
compliquées construites par les savants mathématiciens de ce temps ;
les horloges hydrauliques qui marquaient les heures par des mouve-

Marionnettes du Moyen-Age.
Miniature du *Hortus deliciarum*, de HERRADE DE LANDSBERG.

ments de personnages articulés ; les automates également hydrauliques qui animaient les groupes de statues marmoréennes ornant les
fontaines des jardins et des palais princiers en Italie ; ni même, plus
tard, les inventions de l'italien Gianello Torriani. Ce dernier pourtant,
voulant distraire l'empereur Charles-Quint, retiré au monastère de
Saint-Just, conçut des merveilles : « ... Souvent, après le repas,
Gianello faisait paraître sur la table du prince de petites figures de
chevaux et d'hommes armés. Les uns battaient le tambour, les autres
sonnaient du clairon ; on en voyait qui s'avançaient au pas de course
les uns contre les autres comme des ennemis et s'attaquaient avec

des lancés. Quelquefois, l'ingénieux mécanicien lâchait dans la
chambre de petits oiseaux de bois qui volaient de tous côtés, et qui
étaient contruits avec un si merveilleux artifice qu'un jour le supérieur
du couvent, qui se trouvait présent par hasard à ce spectacle, parut
craindre qu'il n'y eût en tout cela de la magie. »

Enfin on ne peut ranger non plus dans la gentille corporation des
marionnettes les mannequins colossaux qu'on promenait, aux fêtes
du carnaval, à travers les rues. Croquemitaines géants, ils ouvraient
de terribles bouches; l'écrivain Rabelais, qui vivait au xvi⁰ siècle et
qui dut voir les derniers de ces cortèges défiler dans les rues, a décrit
dans *Pantagruel* ces monstres « avec amples, larges et horrifiques
mâchoires, bien endentelées, tant au-dessus qu'au-dessous ;
lesquelles, avec l'engin d'une petite corde cachée, l'on faisait l'une
contre l'autre terrifiquement clicqueter. » Comme ces Croquemitaines,
surnommés aussi Mâchecroûte, avaient la réputation de manger les
petits enfants, ceux-ci s'empressaient, pour calmer leur faim, de
jeter dans sa gueule béante des gâteaux, des fruits et même des
gros sous.

CHAPITRE III

LES MARIONNETTES ITALIENNES AU XVIIe
ET AU XVIIIe SIÈCLES

LES BURRATINI, MARIONNETTES A MAIN ET LES FANTOCCINI,

MARIONNETTES A FIL

L'Italie fut la première à sortir du long sommeil où le régime féodal avait plongé l'Europe. C'est chez elle que se produisit d'abord la Renaissance, véritable résurrection intellectuelle des peuples. Quand les querelles du pape et de l'empereur d'Allemagne furent terminées, les villes italiennes vécurent dans une tranquillité presque complète et les arts s'y épanouirent. Le théâtre populaire reparut, sous une forme nouvelle et imprévue : on lui a donné le nom de Comædia dell' Arte.

Ce fut alors une éclosion soudaine et merveilleuse de petits théâtres pour amuser la foule. Sur chaque place de ville italienne s'offrait le même spectacle que pouvaient apercevoir les passants, à Rome, vers l'an 1676, sur la place Navone.

Voici ce que l'on pouvait voir, quotidiennement. Alors que le soleil dardait sur l'immense place ses flèches d'or brûlantes, un homme, portant sur son dos une espèce de boîte énorme, toute en longueur, venait la dresser contre la façade éclaboussée de lumière d'un des palais. Il était suivi, clopin-clopant, par un aveugle âgé tenant,

E.

attachée à son cou, une vielle antique de troubadour ; une marmaille déguenillée accourait en criant de tous les coins de rues.

Sitôt que l'homme, ayant planté les quatre montants de sa baraque tendue de toile rouge, avait disparu à l'intérieur, et que l'aveugle avait commencé de tourner avec des saccades la roue de sa vielle, faisant échapper des notes tour à tour étouffées et déchirantes, une nuée de gens survenait de toutes parts ; les oisifs étendus au soleil se redressaient, les marchands d'oranges et de pastèques abandonnaient leurs étalages, et tous faisaient un cercle joyeux et bruyant d'où fusaient des rires, jaillissaient des lazzi, partaient, décochées comme des flèches, de vives plaisanteries. Au premier rang, les enfants levaient leurs yeux ardents et fixes vers le haut de la baraque et se haussaient déjà sur les pavés pointus, pour mieux voir. Derrière, de robustes et belles Romaines s'appuyaient nonchalamment les unes contre les autres, mêlées à des hommes vigoureux et basanés, tous vêtus de hardes aux couleurs vives, faisant un gai bariolage : les unes avec leurs châles rouges et leurs caracos bleus, les autres avec leurs chemises blanches de travailleurs. Loin du cercle, sur la place, un paysan du Transtévère attardé dans la ville restait assis sur son âne immobile, attendant le spectacle.

Le haut de la toile couvrant la baraque se soulevait. Le silence se faisait. On aurait entendu le bourdonnement des mouches qui dansaient dans la lumière.

Comme poussé par le ressort d'une boîte magique, un Pulcinello, le père de notre Polichinelle, surgissait entre les toiles ; le haut de son visage était masqué du traditionnel loup noir, son corps flottait dans une vaste casaque blanche ; sur la tête, un bonnet blanc ; au bras, la batte légendaire. On eût dit un Pulcinello en chair et en os, n'eût été sa petitesse, semblable au véritable acteur qui portait alors ce nom et qu'on voyait à cette époque en Italie. On n'apercevait d'ailleurs que la moitié de son corps ; le bas, caché par la toile, était enveloppé dans une sorte de gaine.

BURRATINI, par F. MAGGIOTTO.

Estampe gravée par G. Volpato, vers 1780. (Collection de M. O. Grousset).

Le public saluait l'apparition avec des applaudissements frénétiques ; les enfants trépignaient de joie et les hommes commençaient avec le singulier personnage un échange de quolibets et de railleries.

Quel est ce Pulcinello-pygmée qui semble faire si forte concurrence à son grand confrère de la Comœdia dell' Arte ? Ce n'est qu'une marionnette, une des premières marionnettes à main dont la fortune sera éclatante et les succès innombrables. D'une simplicité géniale, elles viennent d'être inventées par les Italiens, amoureux de mouvement, de turbulence et de folles gesticulations. A peine inventées et montrées dans les rues, le peuple a couru vers elles ; des milliers de petits théâtres ambulants ont surgi, entre chaque pavé. Du jour au lendemain, la troupe des pantins de bois est devenue aussi nombreuse que celle des comédiens. Des Arlequins, des Pierrots, des Cassandres et des Scaramouches sont nés, imitant à la perfection les acteurs qui portaient ces noms dans leur rôle. Dans les premiers temps de leur existence, un de ces pantins copia avec tant d'exactitude bouffonne les gestes d'un comédien à la mode, nommé Burratino, qu'on leur donna à tous le nom de *burratini*.

En français, aucun terme spécial n'existant pour les désigner, on les appelle *marionnettes à main*.

Telles nous les apercevons encore aujourd'hui dans les théâtres de Guignol, telles elles furent dès leur naissance. Un morceau de bois arrondi, grossièrement sculpté et peint de vermillon, pour faire la tête, des morceaux de drap pour faire les vêtements, et voilà la marionnette construite ; il n'y plus qu'à glisser sa main dans la longue gaine des habits, qu'à enfoncer l'index dans la tête creuse, le pouce et le doigt du milieu dans les manches et la marionnette se met en mouvement, prend les apparences de la vie, tourne la tête, croise les bras ou les élève au ciel, salue, frappe ou se cogne aux murailles en signe de désespoir.

Ses gestes burlesques, exagérés et extravagants plaisaient aux Italiens. Ses bonds fantastiques les émerveillaient ; jamais de véri-

LA FOIRE DE VENISE, par PAROCELLE.

Estampe gravée par Ph. Lebas, vers 1750. Collection Destailleurs. (Cabinet des Estampes).

tables comédiens n'auraient pu s'asséner avec autant de vigueur des coups de bâton sur les reins et sur la tête, ni rivaliser avec elle d'agilité ou de dislocation. Il y avait dans son allure une fantaisie et une part de mystère qui enchantaient la vive imagination de ce peuple.

Le spectacle populaire par excellence était né, populaire d'abord par sa naïveté; chacun pouvait le comprendre et les plus pauvres d'esprit pouvaient encore se réjouir aux coups de bâton; populaire surtout par son bon marché. Le directeur du théâtre n'avait que de modestes ambitions. N'ayant pas d'acteurs à nourrir, il ne songeait qu'à gagner sa pauvre vie; jouant en plein vent, il s'en remettait, après avoir exhibé ses pantins, à la générosité populaire. Et il n'était pas d'homme du peuple, enthousiasmé par les exploits de Pulcinello, qui ne tirât de bon cœur de sa poche une petite pièce à l'effigie du pape.

La vogue des burratini alla grandissante pendant le cours du xvıı^e siècle. Ils apparaissaient dans toutes les villes, formant des attroupements dans les rues étroites de Florence, de Naples, de Venise, de Turin et de Gênes. A Venise, au début, on ne voulut les autoriser que dans des théâtres fermés, et les représentations devaient être terminées au coucher du soleil pour ne pas faire concurrence aux autres théâtres. Mais malgré tous les règlements ils s'étendirent jusque dans les rues, et la place Saint-Marc, en temps de Carnaval, était remplie de baraques de burratini, qui faisaient déserter les ménageries et les estrades de dentiste.

Un charlatan, célèbre vendeur de baume et grand artiste dans l'art d'extirper les dents, comprit tout le parti qu'il pouvait tirer de la mode nouvelle. Il eut un trait de génie. Il exhiba sur son estrade des Pulcinello et des Cassandre qui tenaient des discours merveilleux où les vertus de ses drogues étaient célébrées. Étonnons-nous, après un tel apprentissage auprès d'un arracheur de dents, que Pulcinello et son descendant Polichinelle aient contracté la fâcheuse habitude de mentir! Le stratagème du charlatan réussit si bien qu'il fit

fortune en peu de temps; ce que voyant, ses confrères en char-
latanisme, vendeurs d'orviétans et autres, voulurent tous avoir
leur Pulcinello.

La plupart des théâtres de burratini restèrent ambulants, si primitifs souvent qu'ils étaient transportables sur le dos de leurs directeurs. Quelques-uns, pourtant, devinrent plus considérables et pos-
sédèrent pignon sur rue. Tel celui qui résidait en une salle basse du
palais Fiano, à Rome et qui subsistait encore au commencement
du XIXe siècle. Au sortir d'un jardin rempli d'orangers on voyait
surgir d'une espèce de cave un homme qui criait : « Entrate, ô
signori, entrez, messieurs! » C'était le sous-sol du palais Fiano où,
pour 28 centimes, on pouvait voir les burratini promener leurs petites
personnes sur un théâtre en miniature.

Quelque temps après l'apparition des marionnettes à main, dans
le courant du XVIIe siècle, le génie inventif des Italiens découvrit une
autre manière de faire apparaître les pantins sur les théâtres. Il
semble que la découverte fut faite à Milan, car c'est là qu'on la voit
pour la première fois réalisée.

Au lieu de tenir les marionnettes avec les mains, tout d'une
pièce, les Milanais imaginèrent de les suspendre au bout de fils :
un fil attaché à la tête soutenait tout le poids du pantin, et
d'autres fils, attachés aux pieds et aux jambes, les faisaient mouvoir
de la plus naturelle façon. Ce fut une révolution dans les théâtres de
marionnettes : on donna aux nouveaux venus le nom de *fantoccini*, qui
veut dire en italien : petits fantoches. Pour nous, qui n'avons qu'un
terme pour désigner toutes les sortes de marionnettes, nous les
appelons marionnettes à fils.

Les fantoccini qui, désormais, feront une concurrence acharnée
aux burratini, concurrence qui dure encore aujourd'hui, ne pouvaient en effet s'entendre avec eux. C'étaient, si l'on peut dire,
deux petits peuples de races très différentes. Physiquement, ils

n'étaient même pas construits de la même manière. Au lieu d'être
taillés dans une bûche, comme les burratini, les fantoccini avaient
des têtes de carton, des bras de filasse, les jambes et les mains
de plomb afin qu'étant plus lourdes elles obéissent mieux à l'impulsion des fils. Seuls les bustes et les cuisses des fantoccini
étaient en bois. Du sommet de leur tête sortait une mince tringle
de fer pour en permettre le transport d'un point de la scène à
l'autre.

Les joueurs de fantoccini devaient avoir dans les doigts plus de
dextérité encore que les joueurs de burratini : il fallait beaucoup
d'adresse, pour tenir tous les fils, ne pas les embrouiller, une grande
délicatesse pour tirer sur les uns ou sur les autres en temps voulu
et ni trop ni trop peu. D'autant plus qu'ordinairement il n'y avait
qu'un seul joueur pour faire mouvoir tous les personnages, et qu'il
devait faire attention non seulement à ses doigts, mais encore à
sa langue : car c'était lui qui, par surcroît, improvisait la pièce et
faisait parler les marionnettes. Pour varier les intonations, suivant
les rôles, le montreur se servait d'un sifflet d'une construction spéciale, semblable à celui dont on se sert encore maintenant.

A voir les petits fantoches sur le théâtre, on n'eût jamais pensé
qu'il y eût tant de complications dans la coulisse. C'était comme
autant de petites apparitions surnaturelles et on pouvait croire que,
comme dans les contes, une gentille fée venait, par la vertu de
sa baguette, de leur donner la vie. Non seulement ils avaient une
démarche et des gestes humains, mais encore ils dansaient avec
une souplesse, une élasticité admirables; ils s'enlevaient dans les
airs avec la même légèreté que des papillons, tournaient sur la pointe
de leurs pieds comme des danseurs de profession et balançaient
leurs bras avec des grâces mignonnes et ailées. Quand le fantoccino
était sorti de scène applaudi par le spectateur, il revenait de la
coulisse en saluant gentiment, avec de petits airs modestes et
penchés, posait la main sur son cœur et se retirait à reculons en

continuant ses courbettes, ainsi que font les véritables acteurs.

Tandis que les burratini étaient robustes et représentaient de solides gaillards capables de résister à toutes les intempéries, les fantoccini avaient des grâces fragiles qu'on eût craint d'exposer au plein vent : c'est pourquoi nous les voyons toujours s'enfermer dans des théâtres et ne jamais courir les rues comme les burratini. Les fantoccini sont gens délicats. Ils aiment aussi à avoir un orchestre complet de violons et de violoncelles, de flûtes et de harpes pour accompagner leurs gestes : ils ont presque autant d'exigences que de vrais comédiens. Et tandis que les burratini, bons garçons, jouent souvent pour l'amour de l'art devant le peuple et s'en rapportent à sa générosité après le spectacle, les fantoccini font payer avant l'entrée les prix des places, qui vont depuis deux centimes jusqu'à vingt-cinq centimes! En somme, les fantoccini ont beaucoup plus de prétentions que leurs confrères.

Pour nous, qui sommes des juges impartiaux au milieu des rivalités des fantoccini et des burratini, nous reconnaîtrons qu'ils ont chacun des mérites particuliers. Les fantoccini s'adressent surtout aux yeux et cherchent à les émerveiller soit par la beauté de leurs poses, soit par l'harmonie de leurs mouvements ; ils tiennent aux effets plastiques et les paroles qu'ils prononcent n'ont qu'une importance secondaire. Pour eux, le comble de l'art, c'est de reproduire exactement, de copier minutieusement les gestes des hommes. C'est pourquoi ils apparaissent toujours somptueusement habillés dans des pièces à grands spectacles, où les décors ont eux-mêmes de l'importance, afin de mieux donner l'illusion de la réalité. Ils apparaissent dans des féeries où leurs mouvements légers font croire qu'on rêve ; dans des opéras où leurs poses harmonieuses ont le temps de se faire valoir pendant la lenteur des chants; dans des parodies d'opéras enfin, où ils peuvent s'ingénier à reproduire les gestes et les tics des plus célèbres chanteurs. Danseurs infatigables, ils excellent dans l'art du ballet.

E.

Les pauvres burratini ont des allures plus modestes; à les voir, on pourrait peut-être les prendre pour des déshérités de la nature. Mais ils rattrapent en esprit ce qu'ils perdent en beauté. Encore qu'ils soient fort alertes et vigoureux, ils surpassent même leurs gambades par leurs plaisanteries et leurs bons mots. Ce sont des malins qui ne pensent qu'à faire rire aux dépens du prochain. Au lieu d'imiter scrupuleusement ce qu'ils voient, ils l'exagèrent, le déforment avec l'outrance la plus folle, afin de rendre les travers plus grotesques et plus risibles. Ce sont des fantaisistes qui ne demandent des dons de plaire qu'à l'imagination et à l'esprit. Burattini ou fantoccini, ils ont les uns et les autres, au même degré, le pouvoir de nous divertir, et nous devons les confondre dans une même reconnaissance. Les uns et les autres nous donnent également l'illusion d'assister à des scènes de la vie réelle. Est-on depuis dix minutes devant un de leurs théâtres qu'on ne peut plus s'en détacher; insensiblement, par une transformation mystérieuse, les pantins de bois ou de cartons semblent s'être changés en êtres humains, on croit voir leurs yeux briller et leurs lèvres s'entr'ouvrir pour laisser échapper leurs paroles. En vérité les Italiens, à qui nous devons ces délicieux fantoches, ont bien mérité de la gratitude des enfants et même des hommes.

De l'Italie, les marionnettes, à fils et à mains, se sont répandues de bonne heure dans les pays voisins. Elles rayonnent dans toutes les contrées, toujours aussi fraîches et captivantes.

Nous en trouvons en Sicile, dans la ville de Palerme, où elles jouent devant une salle enfumée, devant un auditoire si nombreux qu'il s'étouffe; avant le lever du rideau, mille bruits s'entre'croisent ce sont des gens pestant contre leurs voisins qui les écrasent, injuriant les nouveaux arrivés; ce sont les appels d'un vendeur de graines de courges grillées « Simenza » ou ceux du marchand d'eau (acqua-juolo) qui sert toutes ses pratiques dans le même verre. Sitôt le rideau levé, silence absolu.

On joue les « Paladins de France ». Ces personnages furent, en effet, longtemps les héros favoris des Siciliens qui vécurent pendant plusieurs siècles sous la domination de princes français. Ces paladins ont des armures étincelantes et sur leurs casques des cimiers si hauts qu'ils touchent les frises du théâtre. Ce sont des chevaliers pleins d'honneur et de loyauté que les Palermitains aiment à cause de leur courage. Sous les yeux de belles princesses, ils se battent en de rudes tournois, l'épée haute, le bouclier levé ; on entend les cris de défi et les chocs des armures. Les têtes sautent en l'air, les bras sont arrachés, les cadavres jonchent la scène. Quand c'est un guerrier inconnu qui tombe dès les premiers coups, les spectateurs le traitent dédaigneusement « d'infidèle » ou de « sarrasin » ce qui est, pour un Palermitain chrétien, la suprême injure. Mais quand un paladin célèbre, qui s'est longtemps défendu avec vaillance, tombe mortelle-ment atteint, un frémissement court dans l'assemblée. Et quand enfin on assiste à la mort de Roland, le héros chéri, dans le défilé de Roncevaux, alors la foule se lève et se découvre pieusement.

Tel est le pouvoir des marionnettes, dont les gestes émouvants ont quelquefois fait verser des larmes.

En Espagne, dès le commencement du XVII° siècle nous trouvons, imités de l'Italie, des théâtres de marionnettes parfaitement orga-nisés. La preuve en est dans l'histoire célèbre de Don Quichotte. Il arriva en effet, nous raconte le grand romancier espagnol Cervantès, que Don Quichotte trouva, dressé dans une hôtellerie de la Manche, province d'Espagne, un théâtre de marionnettes, magnifiquement éclairé par un nombre infini de cierges. Les petits personnages ressemblaient si parfaitement à des hommes que le grand Chevalier à la Triste Figure, offensé par quelques-unes de leurs paroles, s'élança sur eux pour les tailler en pièces.

Nous savons aussi qu'en Espagne, on figurait souvent dans les théâtres de marionnettes, des courses de taureaux et les Espagnols prenaient presque autant de plaisir à voir les malheureux pantins, déguisés en picadors et toréadors, déchiquetés et éventrés par les cornes des bêtes que s'ils eussent assisté à des courses véritables.

Ainsi, dans tous les pays, les marionnettes se transforment au gré des mœurs et des passions. Là est le secret de leur succès universel. Partout où elles vont, elles s'adaptent, elles représentent les légendes les plus chères au cœur des peuples ou leurs spectacles favoris; elles personnifient les grands hommes de chaque patrie et il rejaillit toujours un peu sur elles de la gloire des héros.

CHAPITRE IV

LES PREMIERS MONTREURS DE MARIONNETTES
A PARIS, AU XVIIᵉ SIÈCLE

> Pour moi, j'ose poser en fait
> Qu'à de certains moments l'esprit le plus parfait
> Peut aimer sans rougir jusqu'aux marionnettes,
> Et qu'il est des temps et des lieux
> Où le grave et le sérieux
> Ne valent pas d'agréables sornettes.

Ainsi parlait à la fin du XVIIᵉ siècle le bon Charles Perrault,
dans un de ses plus délicieux contes de fée, *Peau d'Ane*. Cet hommage, rendu par un bel esprit à nos pantins, nous montre, mieux
que la documentation historique la plus complète, en quelle estime
on les tenait en France, pendant le Grand Siècle, et l'espèce d'affection indulgente et paternelle qu'on leur témoignait à cause de leurs
grâces innocentes et mutines.

Les marionnettes françaises, ou, pour mieux dire, les marionnettes parisiennes, car elles naissent toutes à Paris, ont acquis et
conservé une si flatteuse faveur, depuis le jour où elles sont appa-
rues dans des théâtres, aux environs de 1640, par leurs manières
constamment enjouées et parfois gamines.

Tout en elles a de la fraîcheur et de la joliesse, même leur nom. Marionnette est le diminutif caressant de Marion qui vient lui-même, ainsi que Mariette, de Marie. Les petites filles de l'ancien temps, à qui l'on donnait ces noms de tendresse, les transmirent à leurs poupées. Quand, pour la première fois, en France, des joueurs de farces les ravirent-ils aux bras des fillettes pour les faire jouer comiquement sur leurs estrades ambulantes? C'est ce que nous ignorons. Nous savons seulement qu'aux xv⁰ et xvi⁰ siècles ce n'étaient que des pantins anonymes, habillés au hasard de chiffons baroques et portant souvent les noms des bateleurs célèbres : c'est ainsi que l'un d'eux fut surnommé Jean de la Ville du nom d'un badin es farces, boiteux et bossu qui vivait en 1590. On trouve encore des petits pantins de ce nom dans les boîtes de physique, parmi les instruments qui servent à exécuter des tours de passe-passe.

L'heureuse influence de l'Italie vint, au milieu du xvii⁰ siècle, donner au rôle effacé de nos marionnettes un brillant éclat. Depuis les guerres d'Italie, entreprises par Charles VII, les Français demeuraient sous le charme des merveilles nouvellement écloses de la Renaissance. Les princes cherchaient à attirer dans leurs châteaux les artistes qui venaient d'enfanter des chefs-d'œuvre. Peu à peu, les Italiens prirent l'habitude de traverser les monts, depuis les plus grands artistes jusqu'aux plus humbles marchands. Les bateleurs en firent autant, portant dans leurs bagages des petits théâtres et des pantins. Les premiers vinrent avec leurs burratini, marionnettes à main; puis arrivèrent les autres avec les fantoccini, marionnettes à fil. Après quelques représentations qui excitaient au plus haut point la curiosité des spectateurs parisiens, les uns et les autres repassaient les Alpes.

C'est, aux environs de 1640, qu'un charlatan dentiste, Pierre Brioché, dont l'estrade s'élevait à côté du Pont-Neuf, eut l'idée de se servir des pantins exhibés par les forains italiens pour retenir la foule autour de son estrade. Jusqu'à cette époque, pour attirer les badauds, il n'avait eu que la ressource des danseurs de corde et des boniments. A l'instar de ses confrères arracheurs de dents, il s'était servi d'un compère juché près de lui sur les tréteaux, à qui il tenait les discours les plus persuasifs et les plus mielleux pour qu'il consentît à ouvrir la mâchoire, dans l'espoir que les badauds suivraient son exemple. Mais c'était souvent en vain.

Il ne fit que peu de changements aux habits des burratini italiens, francisa leurs noms, donna deux bosses à Pulcinello qui devint Polichinelle et surtout anima les personnages de sa verve gauloise. Son succès dépassa ses espérances. Le renom que son habileté à arracher les dents ne lui avait jamais valu, lui fut acquis par son art à manier les marionnettes. Du jour au lendemain il devint célèbre et son estrade ne désemplit plus. Quand Polichinelle et Arlequin avaient fait la parade, avaient sauté et dansé, avaient lancé leurs plus désopilantes facéties, Brioché, parlant toujours par la bouche de Polichinelle, n'avait plus qu'à faire appel à son public, à déclarer péremptoirement qu'il était l'homme le plus habile du monde pour faire des extractions sans douleur ; aussitôt, de nombreuses personnes, mises en confiance, éprouvaient le besoin de se faire édenter.

Pour corser davantage son spectacle, Brioché imagina de joindre à ses fantoches de bois un singe qu'il appela Fagotin et dont les gestes drôlatiques sont restés célèbres. « Il était grand comme un petit homme et bouffon en diable. Son maître l'avait coiffé d'un vieux vigogne, dont un plumet cachait les fissures et la colle. Il lui avait ceint le cou d'une fraise à la Saramouche, et lui faisait porter un pourpoint à six basques mouvantes, garni de passements et d'aiguillettes. Il lui avait concédé un baudrier d'où pendait une lame sans pointe. » Ainsi affublé, le singe Fagotin ressemblait à un laquais. Cette ressemblance causa sa perte. Un

jour, Cyrano de Bergerac, qui, comme on sait, était un gentil-
homme gascon très batailleur, vit Fagotin lui faire une grimace.
Incontinent, il mit l'épée au clair. Fagotin, doué d'un admirable
esprit d'imitation, tira la sienne. Les lames se croisèrent et le
pauvre Fagotin succomba vite dans cette lutte aussi folle qu'inégale.
Ainsi mourut le singe dont le nom eut l'honneur d'être cité dans
une comédie de Molière, le *Tartufe* et dans deux vers de la Fontaine,
qui parle en une de ses fables « La Cour du Lion » des cent tours
de Fagotin. Depuis cette époque tout bon joueur de marionnettes
dut avoir dans son théâtre un singe.

Brioché, dont la dextérité à faire jouer les marionnettes était
surprenante, abandonna peu à peu son ancienne profession d'arracheur de dents. On ne peut faire de plus grande louange de
son habileté qu'en rapportant la réponse qu'un laquais fit un jour
à son maître, qui lui reprochait sa lenteur dans une commission :
« Je me suis arrêté à voir de petites demoiselles que tout le monde
regardait au bout du Pont-Neuf et qui se battaient. » Or ces
personnages que le laquais avait cru être en chair et en os, tant
ils donnaient l'illusion de la vie, n'étaient autres que les marionnettes de bois de Brioché. Et il n'était pas le seul à prendre les
« machines briochines » pour personnes vivantes.

On raconte aussi que Brioché, étant allé en Suisse exhiber
Polichinelle et sa séquelle, on le prit pour un sorcier, et on faillit
le faire brûler : il ne se tira d'affaire qu'après que ses marionnettes
eurent été complètement déshabillées et eurent montré leurs corps
tout nus, dépouillés d'artifices et exempts de maléfices.

Pierre Brioché laissa un fils, François, surnommé Fauchon,
qui suivit la voie tracée par son père et devint plus célèbre encore.
C'est Fauchon Brioché qui fut appelé, en 1669, à Saint-Germain-en-
Laye, pour donner des représentations en présence du Dauphin, fils
de Louis XIV. Il recevait, pour divertir les enfants de France, la
somme de vingt livres par jour et il resta à la Cour pendant six

mois. C'est lui que Boileau a immortalisé dans une de ses épîtres en écrivant ce vers :

> « Là, non loin de la place où Brioché préside... »

Cette place, c'était toujours celle du Château-Gaillard, située non loin de la tour de Nesle, à laquelle Polichinelle fait allusion dans sa lettre à Mazarin, au bas du Pont-Neuf, en face de la rue Guénéguaud qui conduisait alors à un abreuvoir ouvert sur la Seine.

Les succès du second Brioché furent plus éclatants que ceux du père. Les bourgeois de Paris ne parlaient que d'aller « aux bonnes marionnettes du Pont-Neuf ». Mais la renommée devait exciter l'envie. Les Brioché ayant fait de belles recettes dans leur métier suggérèrent à d'autres bateleurs d'essayer des mêmes moyens. On vit des vendeurs d'orviétans se servir de Polichinelle comme réclame ; on vit même apparaître des marionnettes nouvelles.

En 1675, un théâtre fut établi dans le quartier du Marais par un nommé La Grille, d'origine italienne, qui apportait de son pays les fantoccini, ou marionnettes à fils, de création récente. Elles étaient hautes de quatre pieds, glissaient dans des rainures pratiquées dans le plancher et étaient maintenues en équilibre par des contre-poids.

On appela ce théâtre « *théâtre des Pygmées* » parce que La Grille, pour les débuts de sa troupe, fit représenter une tragi-comédie avec chants, intitulée « *Les Pygmées* ». Nous reproduisons ici le privilège qui lui fut accordé par Louis XIV, où nous voyons que La Grille se flattait beaucoup en disant qu'il avait trouvé une nouvelle invention de marionnettes. Il n'avait guère eu que le mérite de l'apporter d'Italie.

Privilège accordé à La Grille, propriétaire de la troupe royale des Pygmées, par Louis XIV.

« Louis, par la grâce de Dieu, etc...
E.

« Notre bien-aimé Dominique Mormandin, escuyer, sire de La Grille,
nous ayant humblement fait remonstrer qu'il a trouvé une nouvelle
invention de marionnettes qui ne sont pas seulement d'une grandeur
extraordinaire, mais mesmes représentant des comédiens, avec des
décorations et des machines imitant parfaitement la danse et faisant
la voix humaine, lesquelles serviront non-seulement de divertissement au public, mais serviront d'instruction à la jeunesse,

« Lui accordons Privilège de donner des représentations pendant
le cours de vingt années, à dater du présent, dans nostre bonne ville
et faux bourgs de Paris et par toutes autours tels bourgs et lieux
de notre royaume qu'il jugera à propos. »

Donné à Versailles, le 33e (sic) jour de mars, l'an de grâce 1675.
Signé : Louis.

La représentation des Pygmées obtint un si grand succès que
l'Opéra, c'est-à-dire l'Académie royale de musique, s'émut d'une
innovation théâtrale où les chants étaient entremêlés aux paroles et
qui pouvait lui faire une sérieuse concurrence. Le roi fit droit aux
réclamations de l'Académie de musique et interdit à La Grille de
continuer ses représentations. Celui-ci supprima alors ses marionnettes et créa en 1677 le « Théâtre des Bamboches » où des enfants
jouaient et chantaient. Il semble que ces acteurs d'un nouveau genre
n'eurent pas longtemps la vogue ; peut-être aussi que le directeur
les trouvait trop chers à nourrir et trop paresseux à apprendre les
rôles. En tous cas, il reforma sa troupe de pantins, fit appel de
nouveau au fameux Polichinelle et à sa dame Gigogne, et très
courageusement déclara au public, avant le lever du rideau :

> S'ils n'ont pas l'honneur de vous plaire,
> Épargnez-les : c'est moi, messieurs,
> Qui dois porter votre colère :
> J'ai fait la pièce et les acteurs.

Tant qu'il ne les fit que parler et danser, La Grille connut des

MARCHAND D'ORVIÉTAN

Estampe française publiée vers 1650. Collection Destailleurs. (Cabinet des Estampes.)

Dans cette gravure, ce sont, non des marionnettes, mais de vrais comédiens qui font la parade pour aider à vendre l'Orviétan.

jours calmes, mais sitôt qu'il les faisait chanter, on avait coutume
de dire : « Elles chantent trop haut pour pouvoir chanter longtemps. »
L'Opéra en effet intervenait et le roi édictait de nouvelles interdictions.

L'histoire des marionnettes est, pendant cette période, une histoire
de luttes continuelles. Leurs droits
avaient été méticuleusement précisés
par un édit royal : elles pouvaient
danser, sauter, faire tous les gestes
d'acrobatie ; mais il ne pouvait
jamais y avoir sur la scène qu'une
seule marionnette prenant la parole
et discourant : on tolérait qu'il y eût
un compère pour lui faire des questions : mais, par contre, on obligeait
la personne qui faisait parler la
marionnette, à avoir toujours dans
la bouche l'instrument qu'on appelle
sifflet-pratique, afin que les intonations de voix fussent différentes de
celles des acteurs ordinaires.

COSTUME DE POLICHINELLE en 1722.
J'en valons bien d'autres.
Frontispice de la pièce : *L'Ombre du cocher poète.*
(Extrait du *Thédtre de la foire* de LE SAGE
et D'ORNEVAL.)

Or, les marionnettes d'une part,
leurs adversaires d'autre part ne
songèrent jamais qu'à outrepasser
leurs droits. Les acteurs de l'Opéra
et ceux de la Comédie Française,
qui avaient peur de concurrents
redoutables, auraient voulu la sup-
pression complète des marionnettes. Ces messieurs avaient la prétention d'être les seuls à qui il fût permit d'élever la voix dans la
capitale ; à leur avis, les bourgeois de Paris devaient être éternellement condamnés à entendre les seules modulations de leurs gosiers.

Ils ne cessèrent de soumettre au roi leur ridicules prétentions.

Par contre, les marionnettes ne purent jamais rester dans les bornes qui leur avaient été prescrites ; leur ambition, bien naturelle en somme, fut toujours d'avoir, comme quiconque, le droit de s'exprimer à leur fantaisie et de chanter, si cela leur chantait. Interdites un jour, elles reparaissaient le lendemain, ayant sur leurs adversaires l'avantage de pouvoir les rendre ridicules. Et elles ne s'en faisaient pas faute. Le sifflet-pratique ne les empêchait pas d'imiter le ronronnement sonore et endormant des acteurs de la Comédie déclamant « comme des Romains », d'imiter leurs gestes emphatiques et leurs airs olympiens.

C'est Polichinelle qui, faisant allusion aux longs discours ampoulés que les comédiens tenaient aux spectateurs avant les représentations, déclarait impertinemment en faisant une pirouette, puis, chapeau bas, les trois saluts d'usage.

De tant d'orateurs assommants
Dédaignant la recette,
Je ne veux pas d'longs compliments
Vous étourdir la tête :
Les petits, tourlourirette.
Valent bien les grands.

Dans cette lutte, les marionnettes devaient rester les plus fortes, car, la seule chose qu'on ne pouvait pas leur faire, c'était, comme on dit vulgairement, leur couper le sifflet.

D'ailleurs, en combattant de la sorte pour leur indépendance, elles avaient l'entière sympathie du public, qui aime toujours les frondeurs. Elles luttaient contre des privilèges ; cela suffisait pour que le peuple fût de leur côté ; elles divertissaient par leur jeu frivole ; cela suffisait pour que les grands seigneurs et la Cour entière s'intéressassent à leurs destinées comme aux affaires les plus importantes de l'État.

Déjà, aux grands auteurs et aux grandes tragédies qui demandent un effort de l'esprit, on préférait les improvisateurs de pièces légères dont le seul but était de délasser et d'amuser, et Polichinelle pouvait dire :

> Grands auteurs, quittez la Lyre
> Et cessez de travailler.
> A présent, on aime à rire ;
> Le sublime fait bailler ;
> C'est le tic, tic, tic,
> C'est le tic du public.
> Qu'une affluence éternelle
> Soit chez les acteurs de bois,
> Et que de Polichinelle
> L'on dise tout d'une voix :
> C'est le tic, tic, tic,
> C'est le tic du public.

CHAPITRE V

LES MARIONNETTES AUX FOIRES
ET AUX BOULEVARDS

GRANDEUR ET DÉCADENCE DES FOIRES. — LE BOULEVARD DU TEMPLE.

LE PALAIS-ROYAL.

> Où court donc tout ce peuple au bruit de ces fanfares ?
> Viens, ma muse ! Suivons ces juges en simarre :
> Ils ouvrent dans Paris un enclos fréquenté,
> Asile de passage au marchand présenté.
> Pour fixer en ce lieu la foule vagabonde,
> Qui s'écoule sans cesse et qui sans cesse abonde,
> Vingt théâtres dressés dans des réduits étroits,
> Entre les ais mal joints, sont ouverts à la fois.
> Il en est un surtout, à ridicule scène,
> Fondé par Brioché, haut de trois pieds à peine,
> Pour trente magotins, constants dans leurs emplois.

Ces vers qui nous jettent brusquement au beau milieu d'une foire parisienne de la fin du xviie siècle, nous montrent que déjà beaucoup de théâtres y étaient dressés, occupés pour la plupart par des joueurs de marionnettes. Nous y voyons que Brioché lui-même, le grand Brioché, quittait ses tréteaux du Pont-Neuf pendant l'époque des foires et emportait son petit théâtre et ses trente mago-tins, ses chers petits magots, c'est-à-dire ses pantins de bois, au

milieu des assemblées provisoires et immenses qui se tenaient soit
à Paris, soit aux portes de Paris.

Les foires furent la véritable patrie des marionnettes pendant
un siècle, de 1660 environ à 1760. Les petits fantoches, toujours
agités, toujours sifflant, ou bavardant se trouvaient admirablement à
l'aise dans ces cadres tumultueux ; ils s'enivraient de bruit et domi-
naient par leur propre tapage le charivari des
disputes entre marchands et pratiques, le brou-
haha de la foule. Ils obtenaient des succès fous,
on s'écrasait littéralement devant leurs baraques
devant leurs loges, comme on disait. L'enthousiasme de la foule était si grand que
les comédiens du roi, toujours jaloux des
applaudissements donnés à autrui, ressen-
tirent de nouvelles inquiétudes ; ils crai-
gnirent que l'affluence des spectateurs devant les estrades de marionnettes ne fît
déserter la Comédie et l'Opéra ; ils
obtinrent du roi que les jeux de marionnettes seraient fermés à l'heure
où les grands théâtres s'ouvraient. Ils
n'avaient vraiment qu'une confiance
minime dans leur talent pour attirer
le public.

POLICHINELLE DU THÉATRE DE LA FOIRE
ayant apppartenu à DU MERSAN.
(Extrait du *Magasin pittoresque*, 1834.)

Les foires, où les marionnettes
connurent de magnifiques apothéoses, étaient bien les plus curieux
spectacles que l'on pût voir au XVIIe et au XVIIIe siècles. La place
qu'elles tenaient dans la vie parisienne était très importante. Les
plus connues et aussi les plus vastes étaient la foire Saint-Laurent,
qui avait lieu en été sur l'espace aujourd'hui occupé par la gare de
l'Est ; et la foire Saint-Germain, la plus brillante, qui avait lieu sur
l'emplacement actuel du marché Saint-Germain pendant les fêtes de

Pâques. Plusieurs écrivains du temps nous en ont rapporté fidèlement la physionomie. Nous n'avons qu'à faire comme Scarron, le burlesque poète et romancier, à héler une chaise à porteurs, à nous y installer confortablement, et à ouvrir nos yeux :

> Sangle au dos, baston à la main
> Porte-chaise que l'on s'ajuste !
> C'est pour la foire de Saint-Germain :
> Prenez garde à marcher bien juste ;
> N'oubliez rien, montrez-moi tout ;
> Je la veux voir de bout en bout,
> Car j'ai dessein de la décrire....
> Ces cochers ont beau se hâter
> Ils ont beau crier : Gare ! gare !
> Ils sont contraints de s'arrêter ;
> Dans la presse rien ne démarre.
> Le bruit des pénétrants sifflets,
> Des flûtes et des flageolets,
> Des cornets, hautbois et musettes,
> Des vendeurs et des acheteurs,
> Se mêle à celui des sauteurs,
> Et des tambourins à sonnettes
> Des joueurs de marionnettes
> Que le peuple croit enchanteurs.

Afin de mieux comprendre et de nous instruire au cours de notre promenade nous pouvons la faire avec un guide de l'époque pour « voyageurs de condition, qui se charge de les conduire s'ils veulent faire un bon usage de leur temps et argent pendant leur séjour à Paris ». Écoutons notre cicerone.

« A la foire Saint-Germain on trouve les plus belles denrées, les plus riches vêtements des fabriques de Paris. Seuls, les livres ne s'y vendent pas, et la plus grande partie des marchandises consiste en galanterie, confiture et café.

» La foule n'y arrive pas avant huit heures du soir, alors que les

spectacles et les danses de corde sont finies. Toutes les boutiques
sont éclairées par des chandelles très bien rangées et à ce moment
la presse est si grande qu'on a de la peine à se frayer un passage.
Là, tout est pêle-mêle, maîtres, valets et laquais; filous ou honnêtes
gens se coudoient. Les courtisans les plus raffinés, les filles les
plus jolies, les filous les plus habiles sont comme entrelacés
ensemble. Toute la [foire, est d'une extrémité à l'autre, pleine de
monde. Ceux qui sont seuls ou inoccupés se placent dans une boutique et de là ils regardent les passants. Ceux qui sont en compagnie,
surtout ceux qui sont avec des dames, s'asseyent dans une boutique
et achètent un objet pour le jouer. Celui qui gagne le garde, ou,
s'il est galant, l'offre à une des dames présentes. Il faut faire ses
achats de jour, car, le soir, il est difficile de marchander, gêné que
l'on est par la foule. Il y a d'autres boutiques où l'on joue aux
dés, divertissement très aimé de quelques personnes et qui rapporte beaucoup de profits au maître de la boutique. Après dix
heures, chacun se retire en son quartier et on ferme toutes les
portes....

» Outre les danseurs de corde, il y a à la foire des montreurs de
marionnettes. Ces gens font un terrible vacarme quand on passe, car
les querelles n'y sont pas rares.... Voici les caprices des badauds
de Paris. »

Ainsi toujours et partout des marionnettes, entremêlées à des
bateleurs; c'est devant leur baraque que la foule est la plus dense
et c'est là surtout que l'on doit prendre garde à ses poches pour
qu'un malandrin ne nous les allège pas subrepticement. Le rimeur
François Colletet nous en donne ainsi le conseil :

> Remarque un peu dans cette rue,
> Sur ce théâtre, deux coquins,
> Vêtus comme des arlequins,
> Avec trois quenilles de linge,
> Qui font sauter un pauvre singe

> Et grimper dessus un bâton,
> Afin de gagner le têton ?
> On entre dedans leurs logettes,
> Pour y voir des marionnettes,
> Et cependant que l'on est là,
> Longtemps droit comme un quinola,
> Attendant que le jeu commence,
> Empressé de l'un qui s'avance,
> D'autre qui pousse et veut voir,
> Sans pour aucun respect avoir ;
> Des gens qui portent la rapière,
> Qui marchent d'une mine fière,
> Mêlés parmi les spectateurs,
> Et qui font les admirateurs,
> Glissent les doigts, sans vous le dire,
> Au fond de votre tirelire,
> Autrement dite le gousset,
> Si bien que vous le trouvez net.

Le nombre des jeux de marionnettes dans les foires devint, vers le milieu du XVIIIe siècle, tout à fait considérable ; on n'en comptait pas moins d'une trentaine très importants.

Chacun de ces théâtres avait ses auteurs attitrés, souvent inconnus, quelquefois illustres comme Piron, ou comme Lesage qui ne dédaignait pas, après avoir fait représenter, son chef-d'œuvre, *Turcaret* à la Comédie-Française, d'écrire en collaboration avec d'Orneval une piécette intitulée « l'Ombre du cocher poète » dont les premiers vers étaient ceux-ci, chantés par un savetier apostrophant sa linotte :

> Petit oiseau qui, dans ta cage,
> Chante le soir et le matin,
> Tu chanterais bien davantage
> Si tu buvais de ce bon vin.
> Tu chanterais bien davantage
> Si tu buvais de ce bon vin.

Les pièces, très courtes, étaient pour la plupart des saynètes de comédie, ou des parodies de pièces et d'opéras ; quelquefois aussi des pièces à grand spectacle, des contes de fée, ou des histoires mythologiques. Mais toutes étaient écrites dans un ton léger, badin et railleur, entremêlées de plus en plus de couplets sautillants.

Beaucoup de ces œuvres ont disparu. On ne leur donnait même pas l'honneur de la publication ; leurs auteurs les gardaient en manuscrit ou même ne les gardaient pas, n'y attachant pas plus d'importance que le public. Faites pour un jour, elles n'avaient que la prétention de distribuer un peu d'esprit. Elles ressemblaient singulièrement aux pièces-revues qui ont tant de succès aujourd'hui. C'étaient des parodies de pièces jouées dans l'année, dont les défauts étaient exagérés. Pour les jouer, les marionnettes prenaient les costumes des comédiens et imitaient leurs gestes. Toutes les « actualités » défilaient dans ces pièces, avec un mot pour s'en moquer. Certaines étaient jouées jusqu'à cinq cents fois, rapportaient de grosses recettes à leurs directeurs, mais toujours maigre profit à leurs auteurs. Le prix moyen d'une pièce pour marionnettes était de 12 francs ! Pauvres écrivains qui, pour ce salaire, devaient se tirer une idée comique de la tête ! Ils n'ont même pas eu la consolation de léguer leurs noms à la postérité !

Les seuls noms que l'on retienne sont ceux des directeurs. En 1741, à la Foire Saint-Germain c'est un nommé Bienfait dont le théâtre avait le plus de réputation. Ce Bienfait eût l'honneur en 1749 de jouer devant leurs Majestées, et devant Mgr le Dauphin, si bien qu'il obtint le privilège, envié entre tous, de s'appeler « seul joueur des Menus plaisirs de Mgr le Dauphin. » Mais déjà, avec lui, malgré tout le succès dont elles étaient entourées, commence la décadence des marionnettes. La grande époque, l'époque classique si on peut dire, inaugurée par les Brioché, est sur le point de finir. Les jeux de marionnettes n'ont plus leur pureté d'antan. Elles perdent de leur fantaisie ; elles tendent à devenir des auto-

mates. C'est le triomphe de la mécanique qui commence dans le
théâtre de Bienfait : On vit désormais des tempêtes sur la scène,
admirablement simulées, avec des vaisseaux qui périssent, des

SPECTACLE DES MARIS HONNÊTES

L'occasion fait le larron, 1826. (Collection de M. O. Gnousset.)

matelots qui nagent; on vit des combats de dogues, d'ours, et le
« nouveau et bon loup qui tient collet contre les dogues. » Et le
directeur avertissait le public par affiches « qu'il a de l'huile d'ours
pure ». Mgr le Dauphin put admirer la revue générale des Houl-
lans, toute en figures mouvantes, par chaque escadron qui cara-

cole. Un proverbe populaire veut que les belles n'aient pas d'esprit. Les marionnettes devenant de jolies poupées, perdaient de plus en plus le leur.

A cette époque, en 1750, les foires n'avaient plus déjà la même vogue, ni le même éclat. Les parisiens, sans les abandonner, y allaient de moins en moins. En 1760, la création du boulevard du Temple leur porta un dernier coup dont elles ne devaient pas se relever.

Il y avait, en effet, au nord du quartier du Marais, un terrain vague et fangeux qu'on venait d'assainir. En bordure du quartier, un long boulevard, le boulevard du Temple, avait été construit, très large et planté de cinq rangées d'arbres. Les bateleurs et autres amuseurs publics vinrent aussitôt s'y établir, car ce fut immédiatement la promenade favorite des Parisiens. Une sorte de foire permanente fut ainsi créée, attirant à elle tout le mouvement et la vie, à tel point qu'en 1773 il y eut suppression complète des spectacles à la foire Saint-Laurent et qu'on n'y vit plus que quelques marchands de mousseline et de colifichets, un billard et une buvette. La foire Saint-Germain fut plus tenace; elle subsista jusqu'en 1793.

Les marionnettes, qui sont de toutes les innovations, avaient été les premières à émigrer des foires vers le boulevard. En 1767 un joueur de marionnettes, Nicollet, loua une loge ou baraque sur le boulevard et, ayant rapidement fait fortune, put construire pour ses petits hôtes un véritable et joli théâtre en pierre. Il y avait de tout chez Nicollet : à la porte, un Paillasse faisait la parade pour allécher le public; à l'intérieur, on admirait outre les pantins de bois, des équilibristes, des animaux savants, et surtout un singe, émule de celui de Brioché. Nicollet vint à la cour, eut l'heur de plaire à Louis XV et à Madame Du Barry et obtint pour sa troupe le titre de « grands danseurs du Roi. » Sa devise fameuse était « de plus en plus en fort » et on dit qu'il n'y faillit pas.

En 1784, un lieu de plaisir plus élégant, plus aristocratique que les boulevards, vint leur faire concurrence. C'est le Palais-Royal qui déployait, sous ses galeries nouvellement construites, toutes les splendeurs de l'industrie et des arts. Les marionnettes ne manquèrent pas à ce rendez-vous de l'élégance et de la mode. Mais dans les théâtres du Palais-Royal elles continuèrent à apparaître mêlées à d'autres exhibitions, souvent sensationnelles, et qui prenaient la plus grande part au spectacle. Dès 1784, Séraphin, le fameux Séraphin, acquit une grande célébrité avec son théâtre d'ombres chinoises. Pendant la Révolution, il chercha par tous les moyens et réussit à retenir un public qui avait chaque jour sous les yeux bien d'autres spectacles intéressants ou terribles. En 1797, dans le Palais-Royal devenu Palais-Égalité, il fit placarder un avis annonçant : « qu'à la sollicitude (*sic*) des pères et mères, il avait augmenté son spectacle d'un joli jeu de marionnettes. » Ainsi, les marionnettes, en ces temps troublés, pouvaient encore attirer la foule. Séraphin leur faisait d'ailleurs tenir des discours patriotes. Lui qui avait été reçu à la cour et lui avait dû la fortune se retournait contre ses anciens bienfaiteurs, et accablait les ci-devant sous les coups de bâton de Polichinelle, dans « La démonseigneurisation » et « La chûte du Trône. »

Séraphin était un directeur rusé et adroit. Le premier il sut se servir de la réclame, qui a pris une si grande extension de nos jours. Il répandait à profusion ses portraits dans la foule et il n'avait pas son pareil pour haranguer le public, arrêter les passants.

Il les interpellait en vers :

> Stt ! Stt ! en passant lisez-moi,
> Je vous offre encore une affiche.
> Et d'abord, voici le pourquoi :
> C'est pour empêcher qu'on vous triche
>
> . . . .

> Venez où mon portrait m'annonce ;
> Au Palais de l'Égalité
> Je fais toujours ma résidence.
> Là, le public a la bonté
> De m'accorder la préférence.
> . . . .

Et comme le passant prétendait que les marionnettes ne peuvent amuser que les enfants, Séraphin répliquait :

> Il faut que je vous désabuse,
> Chez moi tout le monde s'amuse ;
> En offrant différents objets,
> Grands et petits sont satisfaits.
> Après Melpomène et Thalie,
> On peut avec économie
> Venir se délasser enfin
> Au spectacle de Séraphin.

Le passant.

Si cela continue, je ne désespère pas que toutes les affaires se fassent en chantant.

> Il serait, ma foi, très plaisant
> Qu'aux tribunaux on chante ;
> Et que dans la rue, en marchant,
> Chacun dans son ton chante :
>   Quoique ruiné
>   Comme fortuné,
> Il faudrait que l'on chante

Ça, que voit-on chez vous, que des ombres chinoises ?

Séraphin

> D'abord, j'ai des marionnettes
> Avec des costumes brillants ;
> Puis j'ai des jeux intéressants
> Et des pièces à chansonnettes.

Puis des ombres et des tableaux
Que sincèrement on admire ;
Enfin, qui me connaît peut dire
Que je n'annonce rien de faux.
Sachez que l'artiste Mozin
Préside à toutes mes séances ;
Il y touche du clavecin
Et chante aussi de ses romances.
J'ai, de plus, un petit toutou,
Dont on peut dire qu'on raffole ;
A mon théâtre il fait joujou...
Que lui manque-t-il ?... La parole.

LE PASSANT

Pour le coup vous piquez ma curiosité ; Je verrai votre spectacle.

SÉRAPHIN

Dans ce cas, je vous préviens que je donne une représentation tous les jours, deux le dimanche et décadi, la première à cinq heures, la seconde à sept heures.

LE PASSANT

Bon ! vous aurez ma pratique.

SÉRAPHIN.

Salut passant. A l'avantage de vous voir. »

Vit-on jamais rien de mieux, de notre temps, pour attirer la curiosité du badaud ?

Le Palais-Royal, si vivant alors avec ses promeneurs et ses magasins étincelants de bijoux, le Palais-Royal est bien déchu de ses splendeurs ! Les arbitres de l'élégance ont choisi d'autres lieux pour lancer les modes. De même le boulevard du Temple ressemble maintenant à tous les autres boulevards. Paris s'est prodigieusement transformé depuis 1790, principalement pendant le cours du XIXe siècle. Pourtant, en 1820, il y avait encore, sur le vieux boulevard, une animation spéciale. Les débits de vin et les boutiques en

plein vent avaient été remplacées par de belles maisons neuves;
mais il y avait encore des marchands d'oranges installés derrière
des éventaires et abrités par d'immenses parapluies rouges ou bleus
qui ne manquaient pas de pittoresque; il y avait encore des marchands de coco, coiffés de tricornes, qui portaient sur le dos des
fontaines, et agitaient des clochettes et les appels, des marchands de
marrons. C'était une rumeur, un vacarme : « Mon orange, ma fine
orange! » « A la fraîche qui veut boire! » « Chauds les marrons! »
Ces cris se mêlaient à ceux des marchands d'amadou et de briquets,
aux voix des chanteurs en plein vent et des Paillasses qui battaient
la grosse caisse. Tel était l'aspect du boulevard du Temple en 1820.
Mais où sont les marionnettes? Pas le plus petit Polichinelle à
l'horizon. Est-il mort, lui, l'immortel? Et son turbulent cortège
s'est-il évanoui?

CHAPITRE VI

LES MARIONNETTES A PLANCHETTE ET A MAIN
AU XIXᵉ SIÈCLE

Grandeur et décadence ! Polichinelle a été emporté dans la tourmente révolutionnaire. Il a fallu qu'il abandonne ses théâtres, qu'il quitte ses beaux habits dorés.

— Danse, petit Polichinelle, au son de mon gai tambourin, par CHARLET, 1845. *

Pendant longtemps, on ignore ce qu'il est devenu, où il a caché sa misère, quand, en 1820, on le voit apparaître dans un état lamentable, faisant ses pirouettes dans les rues.

Il se mêle aux chanteurs, aux bateleurs, aux hercules et aux
chiens savants qui encombrent les carrefours. Un bout de trot-
toir, quatre pavés lui suffisent pour faire ses tours. Car il s'est
échappé du théâtre et gambade maintenant sur une planchette. On le
fait sauter et trémousser à la manière dont usaient les baladins du
moyen-âge; il est lié au milieu du corps par un fil attaché d'un

DANSE DES MARIONNETTES, PAR BAPTISTE, 1829.

côté à une tige et de l'autre au genou du joueur. Ce sont parfois de
jeunes Piémontais ou Calabrais qui l'exhibent en accompagnant ses
gestes désordonnés avec un tambourin ou un fifre aux sons criards.
Plus souvent, ce sont de petits Savoyards qui, de leurs genoux,
lui font exécuter les plus folles cabrioles. Accompagnés d'une
vielle ou d'un flageolet, ils chantent d'une voix traînante quelque
longue complainte.

Voici quelques charmantes strophes d'une complainte qui eût
en son temps beaucoup de succès :

LA COMÉDIE-AMBULANTE OU LE PLAISIR INATTENDU, 1824.

« Près de Chambéry, dans notre village,
Ma mère en pleurant, un matin, me dit :
Mon enfant, vois-tu, nous manquons d'ouvrage,
Il faut nous quitter, mon pauvre petit.
Prends ce tambourin, ce fifre de pâtre,
Et vas à Paris, vers ces lieux lointains ;
La planche de bois sera ton théâtre
Pour faire danser tes jolis pantins.

> Pantins que vous êtes,
> Dansez mes amours.
> De vos pirouettes
> L'on rira toujours.

Savez-vous comment sont faits mes artistes ?
Je leur mets d'abord des habits de choix,
Bourgeois ou docteur, banquiers ou banquistes
Ont riche parure et tête de bois ;
Tous, pour quelques sous, dansent sur ma corde
Tant que le public est en belle humeur !
Mais je suis aussi sans miséricorde
Sitôt que l'un d'eux tombe en défaveur. »

Ainsi s'exhale la douce et mélancolique plainte du petit exilé, venu à Paris pour faire recette. Le Savoyard reste de longues heures sur les places publiques pour recueillir quelques sous, ou bien, quand il pleut, il s'installe sous une porte cochère où les courants d'air sifflent. Il a souvent, pour lui tenir compagnie, une marmotte apportée de son pays.

Les chemins de fer n'existant pas encore, il joue aussi, au cours de son long voyage à pied, pour gagner de quoi se nourrir. Les jours de foire, il se met au bord des routes et les paysans endimanchés, les paysannes sur leurs ânes, s'arrêtent un instant pour admirer le jeu. Dans les campagnes, il n'a pour concurrents que de petits Italiens de son âge qui, derrière un léger baraquement

de toiles et de piquets, s'agenouillent pour montrer la comédie
aux enfants émerveillés, moyennant deux liards.

A cette époque, Polichinelle et les marionnettes menaient en
somme une véritable existence de bohémiens, aventureuse et
vagabonde, souvent précaire.

Mais, vers le milieu du XIXᵉ siècle, revenant de plus en plus en

Entreprise industrielle, pittoresque et dramatique, par CHARLET, 1824.

faveur parmi la jeunesse, les comédiens de bois s'abritèrent de
nouveau sous de petits théâtres et prirent l'habitude de venir régu-
lièrement sur les promenades parisiennes. Polichinelle, rééquipé,
vêtu de soieries neuves, surgit de nouveau sur la scène, à l'allégresse
générale des enfants aux longs pantalons, des dames à crinoline
et des militaires. Nous le retrouvons faisant des niches à un jeune
chat établi dans les fonctions de l'antique singe Fagotin et du

chien Gobe-mouche. Polichinelle avait repris son entrain et déridait tous les visages. Mais il n'aurait pas fallu entrer dans sa baraque, car on y aurait aperçu le spectacle navrant de la famille déguenillée du joueur. Polichinelle ne nourrissait pas son homme.

Pourtant, le succès allant toujours croissant, des joueurs s'enrichirent. D'ambulantes, les baraques devinrent fixes et les marionnettes firent preuve de goût en choisissant, pour leurs folies, les plus jolis jardins de Paris. Elles s'intallèrent aux Tuileries, au Luxembourg, aux Buttes-Chaumont et dans les Champs-Élysées sous les décors merveilleux, rafraîchis chaque année par le pinceau magique du printemps. Elles vinrent tenir compagnie aux moineaux et aux merles, sautillant comme les uns, sifflant éperdument comme les autres leurs plus belles chansons.

Entre ces divers théâtres, celui dirigé par Anatole acquit vite un juste renom de supériorité. Anatole, en effet, était un grand artiste ; exécutant d'une dextérité prodigieuse, il pouvait se flatter de disposer de vingt voix différentes pour faire parler ses personnages. Auteur, il a écrit plus de quarante pièces parmi les meilleures du répertoire moderne. Directeur, il sculptait lui-même les têtes de ses personnages, que sa femme habillait ensuite.

Anatole eut l'honneur d'être admis au Palais des Tuileries sous Napoléon III, puis au Palais de l'Élysée sous la présidence du maréchal de Mac-Mahon. Il mourut en 1893. Son théâtre existe toujours aux Champs-Élysées où il porte le nom de « Vrai Guignol, théâtre d'Anatole ».

Aujourd'hui, il n'y a plus à Paris que cinq ou six théâtres de marionnettes à main, tous réfugiés dans les jardins. On en rencontre aussi en province. A Amiens, le paysan Lafleur, frère modeste de Polichinelle, débite des drôleries en patois picard dans le théâtre des Cabotins. A Lille, Jacques, autre frère de Polichinelle, joue le dimanche et le jeudi devant un parterre d'enfants après que

POLICHINELLE PRÈS LE PONT DES ARTS, PAR MARLET, 1835.

Collection de M. O. Grousset.

des gamins ont parcouru les rues du quartier en agitant une sonnette et en criant : « La comédie pour un sou ! » Pour un sou, très honnêtement, il récompense la vertu et punit les vices.

A Lyon enfin, le grand Guignol, un fils de Polichinelle, celui-là, rayonne d'une gloire pure, depuis le jour déjà ancien, c'était en 1803, où le lyonnais Laurent Mourguet, un grand et modeste marionnettiste, le présenta sur la scène. Dans la langue des canuts lyonnais, il continue de raconter des exploits qui passeront à la postérité. Il habite maintenant très confortablement sur le quai Saint-Antoine, après avoir longtemps habité dans un pittoresque réduit, rue Port-du-Temple. Quand il dut déménager, exproprié par un propriétaire sans entrailles un journaliste de Lyon narra en ces termes cet événement mémorable :

« Il emportera son petit mobilier, les décors de son castellet, ses accessoires, ses poupées et ses brochures et il ira planter sa tente dans quelque taverne hospitalière. Mais ce ne sera plus notre vieux Guignol que nous retrouverons dans les peintures fraîches de sa future installation. Il lui manquera cet air ambiant, cette atmosphère enfumée, cet adorable étouffement qui lui apportaient tant d'original attrait.

Quelle merveille de couleur locale que cette entrée par la rue Port-du-Temple qui s'appelle aussi, entre vieux, rue Écorche-Bœuf, ce corridor qui descendait, à la façon d'un couloir de cave, ce coude brusque et, de l'autre côté de la porte à double battant, cette salle incomparable, d'un spectacle unique.

Elle avait pour spécialité de ne pas connaître le luxe nuisible de la moindre fenêtre ou du plus petit soupirail. Si un peu d'oxygène éprouvait l'envie d'y pénétrer, il pouvait passer par la porte du fond, on n'y voyait pas d'inconvénient, mais on ne faisait rien pour l'appeler. Aussi, au bout d'une heure, quelle délicieuse étuve ! quelle belle fabrique de fluxions de poitrine ! Quand on sortait de cette étuve, chauffée à quarante degrés et qu'on retrouvait, dans la rue et sur la place des Jacobins, le bon brouillard glacé des nuits d'hiver, il fallait, je vous en réponds, avoir les poumons chevillés au corps pour ne pas les voir se fondre, le lendemain, en bronchites, catarrhes et pleurésies.

Mais le spectacle valait bien qu'on courût quelques risques.

THÉATRE DE GUIGNOL AUX CHAMPS-ÉLYSÉES,
PAR E. GUÉRARD, 1855.

Dans ce caveau, car il n'y a pas à barguigner, c'était un caveau, luxueusement tapissé d'un papier rouge, où cinq ou six femmes, découpées dans un autre papier gris, avaient la prétention mal justifiée de représenter les différentes parties du monde, on s'empilait avec délices. Et, ce qu'on était mal assis! Il y avait là une collection de tabourets d'une telle exiguïté que, si on y établissait une assise, l'autre surplombait et donnait la sensation d'un équilibre aussi instable que fatigant. Et, Dieu sait les exquises limonades trop gazeuses qu'on feignait d'y boire. »

Ainsi, vieilles de milliers d'années et sans cesse rajeunies, les marionnettes vivent toujours. A travers les âges, de pays en pays, elles reparaissent toujours, impérissables.

Leurs derniers succès à Paris sont encore dans toutes les mémoires, si éclatants qu'ils furent relatés par les journaux les plus sérieux. Quand Guignol, pour la première fois, monta dans un aréoplane, tout Paris accourut et les prix des places, dans l'enceinte réservée du théatre, des Champs-Élysées, connut des hausses invraisemblables : 25 centimes au lieu de 10.

Plus récemment encore, le théâtre de Guignol triompha dans une imitation de la pièce de *Chantecler*, de M. Rostand : on vit sur la scène des poules, des faisans, des chiens et enfin un coq magnifique ; mais Guignol et son fils Guillaume manquaient à la fête. Surpris, les enfants bientôt les réclamèrent. On ne peut rester longtemps sans la compagnie de ses héros.

CHAPITRE VII

LES THÉATRES DE MARIONNETTES A FILS
A LA FIN DU XIXᵉ SIÈCLE

THOMAS HOLDEN. — DICKSON. — HEWELT. — SIGNORET.

> « Petits acteurs charmants que l'on taille en plein bois,
> Trottant, gesticulant, le tout par artifices,
> Tirant leur jeu d'un fil et leur voix des coulisses,
> Point soufflés, point sifflés, de douces mœurs ; entr'eux
> Aucune jalousie, aucun débat fâcheux.
> Cinq ou six fois par jour ils sortent de leurs niches,
> Ouvrent leur jeu : jamais de rhume sur l'affiche.
> Grand concours ; on s'y presse, et ces petits acteurs,
> Fêtés, courus, claqués par petits spectateurs,
> Ont pour premier soutien de leurs scènes bouffonnes
> Le suffrage éclatant des enfants et des bonnes. »

Ces vers, écrits au xviiᵉ siècle étaient encore vrais au xixᵉ et le resteront probablement longtemps. Les marionnettes à fils, émules des marionnettes à main peuvent aspirer avec autant de justice à l'immortalité. Elles ont les mêmes titres de noblesse, car leur ancienneté est presque égale et surtout elles ont, avec des qualités différentes, les mêmes titres à la reconnaissance de la jeunesse.

Elles ont connu, comme leurs sœurs de bois, les vicissitudes. Elles ont appris à leurs dépens que la roche Tarpéienne d'où on est précipité dans le gouffre de l'oubli, est proche du Capitole où on est transporté dans des apothéoses. Après avoir brillé d'un grand éclat au xviiie siècle, elles disparaissent subitement à l'époque de la Révolution ; on ne sait guère où elles sont passées. Elles mènent une existence obscure pendant près d'un siècle.

Mais, vers 1875, des artistes éminents vinrent les tirer de leur sommeil et faire couler à travers leurs fils une vie nouvelle. Peut-être aussi les lauriers des marionnettes à mains, maniées à cette époque par le virtuose Anatole, les empêchèrent-elles de dormir. Toujours est-il qu'à partir de ce moment nous assistons à une résurrection magnifique. Les marionnettes à fils réapparaissent dans un déploiement de faste, dans un luxe de décors, dans un raffinement de systèmes inconnus jusqu'à ce jour. C'est le triomphe de l'ingéniosité, de la prestidigitation et de la mécanique.

Le premier de ces opérateurs-magiciens est Thomas Holden qui vint à Paris vers 1875. Il excellait dans les tours d'adresse les plus périlleux ; il faisait manœuvrer un petit gymnaste avec une agilité non-pareille ; il avait aussi un squelette dont les membres un à un se détachaient et se rejoignaient avec une exactitude mathématique sous les yeux effarés des spectateurs.

Edmond de Goncourt écrivait en 1879 : « Les marionnettes de Holden ! Ces gens de bois sont un peu inquiétants. Il y a une danseuse, tournant sur ses pointes dans un clair de lune, de laquelle pourrait s'éprendre un personnage d'Hoffmann, et encore un clown qui se couche, cherche sa position sur un lit et s'endort avec des poses et des gestes d'une humanité de chair et d'os. »

Holden était plutôt un illusionniste qu'un véritable marionnettiste. Il donnait l'illusion exacte d'êtres vivants, mais il manquait de fantaisie, d'imprévu, de toutes les drôleries dont la vie véritable est précisément pleine. Ses marionnettes n'ont pas de cœur.

« Les fantoches de Thomas Holden étaient certainement des merveilles de précision... mais ils s'adressaient aux yeux et non à l'esprit.

On les admirait, on n'en riait pas. Ils étonnaient, mais ne charmaient pas »

Puis vinrent deux frères, Alfred et Charles de Saint-Genois qui rivalisèrent d'adresse. Le premier, qui prit le nom de Dicksonn opéra de telles prouesses de prestidigitation, qu'il eut certainement été accusé de magie et brûlé en place de grève au xvᵉ siècle. Ses marionnettes étaient muettes et il n'en paraissait qu'une à la fois sur la scène; mais il les avait perfectionnées de telle sorte qu'elles bondissaient avec une élasticité surprenante, faisaient dans les airs des gestes ailés et gracieux. Elles furent présentées dans le théâtre célèbre de Robert Houdin.

Charles de Saint-Genois, qui prit le nom de John Hewelt, s'ingénia, lui, à présenter au public de parfaites contrefaçons de toutes nos étoiles modernes de café-concert. Comme s'il avait le pouvoir magique de rapetisser les êtres, il fit apparaître Yvette Guilbert la célèbre chanteuse, la belle Otéro, la belle Fatma, Fragson, Polin, etc... qui semblaient venir en droite ligne du royaume de Lilliput. Par

MARIONNETTE NUE DE DICKSONN

une curieuse innovation, qui prouve son habileté, les célébrités du jour apparaissaient sur une scène proportionnée à leur taille; devant elles un orchestre minuscule d'automates exécutait les ouvertures et accompagnait les chanteurs sous la direction d'un chef d'orchestre indiquant avec sa baguette les mesures et les nuances de la musique. Bien mieux, de chaque côté de cette scène, on voyait les premières loges d'un théâtre emplies de spectateurs, lorgnant, applaudissant et causant : même la bouche de ces petits pantins était articulée et tout en eux se mouvait non par des fils, mais par des systèmes mécaniques si merveilleux qu'il suffissait à Hewelt de manier quelques boutons pour accélérer, ralentir ou arrêter les mouvements de ces petits personnages.

On ne peut guère imaginer d'invention qui surpasse celle de Hewelt. Et pourtant l'esprit n'est pas complètement satisfait. Les yeux ont été plus étonnés que charmés. On admire la difficulté vaincue plus encore que le spectacle.

En 1880, un délicat lettré, Henri Signoret, qu'on a quelque scrupule de faire voisiner avec les illusionnistes précédents tant il leur fut supérieur par l'esprit et par la noblesse du but poursuivi, résolut de fonder un théâtre de marionnettes.

Il projetait de jouer sur un théâtre français tous les chefs-d'œuvres anciens ou modernes de tous les pays, depuis les tragédies grecques jusqu'à celles de Shakespeare, en passant par les mystères du moyen-âge. Il avait choisi les fantoches de bois pour la réalisation de son projet à cause de la vie mystérieuse et poétique qui en émane. Il voulait que ce fussent les œuvres elles-mêmes qui fussent applaudies et non tel ou tel comédien célèbre.

Il se servit de poupées mécaniques mises en mouvement par des

MYRTIL

Marionnette du théâtre de M. SIGNORET, montrant le jeu de pédales qui la font agir.

Dessin de CHANTEAU, d'après une photographie.

exécutants placés sous la scène, et glissant dans des rainures invisibles.

En 1888, il joua dans la salle de la galerie de la rue Vivienne, le gardien Vigilant de Cervantès, et les Oiseaux d'Aristophane ; puis vint ensuite la Tempête, de Shakespeare, Noël, mystère de Maurice Bouchor, Abraham, de Hrots-Witha, etc....

On n'en peut faire de plus grand éloge que celui que M. Anatole France leur décerna :

« J'en ai déjà fait l'aveu, j'aime les marionnettes et celles de M. Signoret me plaisent singulièrement. Ce sont des artistes qui les taillent. Ce sont des poètes qui les montrent. Elles ont une grâce naïve, une gaucherie divine de statue qui consentent à faire les poupées et l'on est ravi de voir ces petites idoles jouer la comédie.... Les marionnettes ressemblent à des hiéroglyphes égyptiens, c'est-à-dire à quelque chose de mystérieux et de pur, et, quand elles représentent un drame de Shakespeare ou d'Aristophane je crois voir la pensée du poète se dérouler en caractères sacrés sur les murailles d'un temple. »

« ...J'ai vu deux fois, écrit-il encore, les marionnettes de la rue Vivienne et j'y ai pris un grand plaisir. Je leur sais un gré infini de remplacer les acteurs vivants. S'il faut dire toute ma pensée, les acteurs me gâtent la comédie. J'entends les bons acteurs. Je m'accomoderai encore des autres. Mais ce sont les artistes excellents comme il s'en trouve à la Comédie-Française que décidément je ne puis souffrir. Leur talent est trop grand, il couvre tout. Il n'y a qu'eux. »

Que pourrait-on ajouter à ce bel hommage que seule la plume, incomparable de délicatesse d'Anatole France pouvait rendre aux marionnettes ?

E.

10

DEUXIÈME PARTIE

Les personnages.

POLICHINELLE, par Jules CHÉRET

CHAPITRE I

LES ANCÊTRES DE POLICHINELLE

Polichinelle appartient à une famille dont les origines sont obscures et remontent très haut dans l'antiquité ; au cours des siècles, cette famille s'est beaucoup répandue dans le monde, s'est dispersée dans presque tous les pays de l'Europe et certains de ses membres ont acquis de la célébrité. Mais le fondateur de la lignée eut des origines très modestes et même très humbles. Le premier en date des Polichinelles, se nommait *Maccus* et vivait en Italie, aux premiers temps de la civilisation romaine, sur le territoire des Osques près de Naples. Il apparaissait dans les comédies de cette époque qui portaient le nom d'Atellanes. Ce n'était alors qu'un misérable esclave, mal vêtu, dont le principal rôle consistait à recevoir des coups. Son nom même était dérisoire ; il signifiait, dans le langage osque, bouffon étourdi et stupide. Son portrait nous a été conservé par de petites statuettes retrouvées dans la terre. L'une, actuellement à Rome dans le musée Campana, est en terre cuite colorée, et représente Maccus avec des épaules et un ventre proéminents ; l'autre dont le dessin est reproduit dans ce livre, est une statuette de bronze, haute d'environ trois pouces, dont les bras ont été brisés et dont les yeux sont faits de deux boules d'argent incrustées. Elle fut retrouvée à Rome, en 1727, lors des fouilles opérées sur le mont Exquilin, l'une des sept collines qui entourent Rome.

Son caractère d'esclave souffreteux est peint sur sa physionomie. Son corps malingre et chétif est déjà arqué dans le dos et sur la poitrine par les deux bosses dont Polichinelle héritera ; l'amertume répandue sur son visage atteste qu'il se rend compte de ses difformités et de sa faiblesse, et qu'il en souffre. Il semble grelotter sous sa simple tunique, espèce de chemise en toile grossière, à peine serrée à la taille, et qui était le vêtement ordinaire des esclaves romains. Une coiffure eût été un trop grand luxe pour lui ; il n'a pour s'abriter du soleil et de la pluie que la maigre toison de ses cheveux mal peignés ; sur des sandales,

MACCUS
(Extrait de l'*Histoire du théâtre italien*, de Riccoboni.)

MACCUS
(Extrait de l'*Histoire du théâtre italien*, de Riccoboni.)

formées d'une unique semelle de bois, ses pieds énormes s'étalent.

Sa tête tourmentée, rentrée dans les épaules, est hideuse à voir ; ses sourcils violemment arqués, ont une expression de haine sous son front bas et fuyant ; une méchanceté froide est contenue dans son regard : son nez grotesque, aux narines dilatées, s'allonge démesurément comme une trompe d'éléphant et le pli amer de ses lèvres est relevé dans les coins par deux boules d'argent résonnantes qui lui servent à donner à sa voix un accent de continuel persiflage.

Cette physionomie est si parlante que nous pouvons deviner l'âme obscure que recélait ce fronté pais. Maccus devait ressembler à ce Thersite que nous a décrit Homère dans l'Iliade : Thersite était louche, boiteux et avait les épaules voutées ; c'était le plus laid des grecs venus devant Troie. Il ne se faisait pardonner sa présence au milieu des guerriers qu'à cause des plaisanteries dont il les égayait : Souffre-douleur du camp, il se vengeait des coups reçus par des insultes contre les chefs qui se contentaient d'en rire. Il était insolent et lâche, un jour, par manière de plaisanterie, Achille lui donna un coup de poing et le tua.

Ainsi devait être Maccus. Soumis à l'esclavage, il y avait pris des habitudes de fausseté et de dissimulation. Mal nourri, la nécessité avait dû le conduire au larcin. Dans son âme fruste et grossière, la notion du bien et du mal n'existait pas ; il avait été élevé comme un chien, avec des coups, et ses épaules tendues semblaient toujours prêtes à en recevoir de nouveaux. Il méritait le

PULCINELLA, ACTEUR NAPOLITAIN,
(Extrait du *Magasin pittoresque*, 1834.)

nom de stupide qui lui avait été décerné. Et pourtant, par instants, des lueurs d'intelligence brillaient au fond de ses prunelles ; c'est quand les souffrances qu'on lui faisait supporter devenaient trop vives ; la haine, alors, et l'instinct de vengeance lui donnaient de l'esprit ; il sentait son impuissance à agir par la force ; il devenait cauteleux, se courbait et rampait devant ses maîtres en attendant l'occasion de se venger, lâchement, par derrière. Il y avait dans toutes ses attitudes une humilité et une bassesse qui ne se retrouveront pas

chez Polichinelle. Celui-ci au contraire, aura de la fierté, de l'arro-
gance dans l'allure, des airs de conquérant. Maccus, asservi dans
une civilisation barbare, opprimé par l'esclavage, emploie les
pauvres ressources de son esprit à souffrir le moins possible. Il ne
peut que ricaner et lancer, par derrière, des insultes grossières et
stupides ; c'est ce trait essentiel de son caractère qu'il léguera à
Polichinelle. Celui-ci, aura le persiflage
pour arme principale et toute sa vie ira
« se moquant des sots, bravant les
méchants, se hâtant de rire de tout, de
peur d'être obligé d'en pleurer. »

Un très long temps s'écoula pendant
lequel on ignore ce que devint Maccus.
Pourtant, il est probable qu'il ne quitta
pas les lieux de sa naissance, car beaucoup plus tard, vers la fin de la Renaissance, on retrouve à Naples un de ses
descendants. C'est un nommé Pulcinello
qu'il suffit de regarder un instant pour
être certain de la parenté : le même
nez recourbé s'allonge au milieu du
visage ; aucune autre famille ne possède
un semblable appendice ; c'est à son

POLICHINELLE
DE LA COMÉDIE ITALIENNE, A PARIS.
(Extrait du *Magasin pittoresque*, 1834.)

nez qu'on la suit à travers les siècles. C'est encore à son
appareil nasal que Pulcinello doit son nom qui vient du latin,
pullum gallinaceum, petit poussin. Car, de même que chez le premier
poussin sortant de l'œuf le bec est d'une grosseur disproportionnée,
de même le nez, chez Pulcinello.

On rapporte aussi une autre origine de ce nom : « Dans le siècle
passé (xvi⁰ siècle), une bande de comédiens ambulants fut assaillie
de quolibets par des vendangeurs, près d'Acerra, ville *della campagna*

felice; ils eurent le dessous à cause d'un certain paysan nommé *Pucciò d'Aniello,* qui triompha d'eux et qui avait une figure de charge, nez long, visage noirci par le soleil. Consolés de leur défaite, ils eurent l'idée d'associer cet homme à leur troupe. Celui-ci accepta et eut le plus grand succès. De là son masque, son rôle et son nom sont entrés au théâtre sous le titre de Polecenella. »

Pulcinello, en effet, porte toujours un loup, sorte de masque noir qui lui couvre la moitié du visage. C'est un grand gaillard agile, tout de blanc habillé dans des vêtements amples qui lui laissent une entière liberté de gestes. Sa taille est serrée par une simple cordelière à laquelle pend quelquefois une clochette ; il tient en équilibre sur sa tête un pyramidal bonnet gris, à sa ceinture est fixée une latte de bois qu'il tire avec prestesse et avec laquelle il fait des moulinets étourdissants.

HABIT DE POLICHINELLE NAPOLITAIN, 1731.
(Extrait de l'*Histoire du théâtre italien,* de Riccoboni.)

PULCINELLO.
(Extrait du *Dictionnaire du théâtre,* de Pougin.)

Pulcinello est en perpétuel mouvement ; son exubérance méridionale se dépense en folles embrassades, en danses, en entrechats ; il a une souplesse de clown, il en a aussi la drôlerie.

Comme tous ceux de sa famille, il aime à se moquer. Car c'est un beau parleur ; il débite sans fatigue les plus longs compliments, avec une chaleur et une animation inépuisable ; il s'exprime avec une volubilité extrême qui empêche souvent de comprendre ce qu'il dit. Son occupation ordinaire est de berner Cassandre, héros de la bêtise humaine, éternel plastron de la gaîté italienne, auquel dix siècles de coups de bâton n'ont pas suffi à donner de l'esprit.

En somme, le portrait de Pulcinello ressemble bien au portrait des Napolitains. Eux aussi ont beaucoup de grâce et de vivacité dans les mouvements, ils aiment le beau langage et ajoutent interminablement les uns aux autres les termes les plus fleuris et les plus sonores.

Chez Maccus se reflétait l'âme primitive des esclaves; chez Pulcinello se reflète l'âme expansive des peuples du midi.

CHAPITRE II

POLICHINELLE

> Pan ! pan !
> Qu'est-ce qu'est là ?
> C'est Polichinelle qu'arrive.
> Pan ! pan !
> Qu'est-ce qu'est là ?
> C'est Polichinelle que v'là.
> Il fait des pas, des poses et de grimaces,
> Danse avec art
> Et fait le grand écart.

C'est ainsi qu'on annonçait autrefois, au moment où elle surgissait du plancher, Sa Majesté Polichinelle, monarque incontesté de tous les royaumes de marionnettes. Elle est vieille, maintenant ; elle a au moins quatre cents ans ; elle est déchue de sa splendeur et ne va plus guère dans le monde. Pourtant, de temps en temps, elle fait encore dans les théâtres une apparition solennelle pour souhaiter la bienvenue aux spectateurs, leur débiter un compliment, prêcher la sagesse aux petits enfants, ou simplement lancer un coup de sifflet strident et danser la Polichinelle, la fameuse Polichinelle aux extravagants entrechats.

Une vieille chanson disait :

Lui seul, toujours de mode à Paris comme à Rome,
Peut se prodiguer sans s'user ;
Lui seul, toujours sûr d'amuser
Pour les petits enfants est toujours un grand homme.

La chanson avait raison. C'était un grand amuseur, et on peut regretter qu'il soit passé de mode. Il avait un physionomie unique, des joues vermillonnes, des yeux effrontés lui sortant de la tête et pétillants de malice, un nez crochu comme un bec d'oiseau de proie et rouge comme une braise. Sa bouche mal dentée était toujours ouverte pour ricaner, et son menton en galoche était si proéminent qu'il faisait avec son nez une sorte de casse-noisettes.

De son corps, on ne voyait que deux bosses : l'une, plantée dans le dos comme une hotte de chiffonnier, était son réservoir d'esprit, — chacun sait que les bossus en sont amplement pourvu. — L'autre, lui sortait du ventre, comme une panse énorme, arrondie et majestueuse, la panse des gens qui aiment à faire bonne chère. Au-dessous, on apercevait à peine ses jambes grêles et sèches comme des allumettes, agiles pourtant pour esquiver les coups, danser les rigodons, sauter, virevolter, disparaître et reparaître. Auprès de son torse râblé, ses bras paraissaient menus, bien qu'ils fussent assez vigoureux pour assommer un homme d'un coup de bâton.

Les costumes de Polichinelle étaient les plus merveilleux qu'on pût voir ; quand une de ses bosses était vêtue de rouge, l'autre l'était de vert ; ses manches étaient à la fois bleues et jaunes ; ses jambes habillées de culottes violettes ou roses, et ses pieds chaussés de sabots enrubannés. Une rangée de boutons d'or, bruyants comme des grelots, fermait son habit parsemé de paillettes d'argent ; comme un grand seigneur de son temps, il avait des manchettes et un jabot de fine dentelle. Son chapeau biscornu était galonné d'or, garni de minuscules clochettes et il s'en échappait un haut panache multicolore.

Aussi Polichinelle dont la modestie n'est pas une des moindres

vertus, ne laissait à personne le soin de l'admirer. Écoutons-le :
« Ah ! cet habit doré ! Quel succès il m'a fait avoir ! J'ai vu dans
ma vie bien des grands personnages, des princes, des archiducs, des

POLICHINELLE D'AUJOURD'HUI
Marionnette de Ferry et Ed. Fruit

généraux, amiraux, colonels, et même des tambours-majors, en un
mot des personnages revêtus d'uniformes brillants, pas un ne les
portait comme moi ; on aurait dit des comédiens revêtus d'un costume,
tandis que moi, regardez ! Voyez l'aisance, la grâce avec laquelle je

pirouette.... mes bosses, on ne les voit pas, ces petits défauts disparaissent dans l'ensemble et cet ensemble représente un homme
séduisant et distingué. »

Sa propre beauté lui inspirait même des vers qu'il débitait avec
complaisance :

> La nature, avec tant d'attraits,
> A formé ma personne,
> Que tout le monde, quand je parais,
> Me regarde et s'étonne,
> Je trouve qu'ils ont bien raison,
> Car ma mine est gentille...
> Je suis le plus joli garçon
> De toute ma famille.

Toujours heureux, toujours chantant, et surtout toujours satisfait
de lui-même, tel nous apparaît Polichinelle ; il oubliait ses bosses
pour s'enorgueillir de sa taille fine. Boute-en-train infatigable, on ne
le vit jamais pleurer, si ce n'est pour rire, comme on dit. En toutes
circonstances, il garde sa figure joviale. Il plaisante devant les personnages les plus graves. Il plaisante devant la justice ; devant la
potence, il fait encore de pirouettes et des farces.

Polichinelle n'a peur de rien.

Il ne s'en laisse imposer par personne, qu'il soit par hasard dans
son bon droit, ou qu'il soit dans son tort, ce qui est l'habitude. Les
bossus sont d'ordinaire de gens chétifs ; mais chez Polichinelle il
semble que ses bosses, en donnant à son corps une carrure plus
large, ajoutent à sa force. Il a conscience de sa vigueur, il a confiance
surtout dans son bâton, qu'il ne quitte jamais. C'est un instrument
redoutable, devenu célèbre par le nombre de gens qu'il a roué de
coups. Mais, s'il rosse, du moins il ne tue jamais, ses victimes se
relèvent toujours. Même, Polichinelle est un redresseur de torts.

Il ne peut assister à une injustice sans s'indigner et sans intervenir, il venge les faibles, et quoique sa justice soit souvent sommaire, c'est un grand justicier.

Symbole de la puissance de Polichinelle, ce bâton a aussi parfois le pouvoir mystérieux et magique de changer en statues ceux qu'elle touche ; il rend son maître invincible.

Malheureusement, il le rend aussi méchant et despote. Comme les hommes puissants qui peuvent satisfaire toutes leurs fantaisies, Polichinelle abuse de son pouvoir. C'est trop souvent avec des bastonnades qu'il paie ses dettes. Vindicatif, il n'oublie jamais les offenses et s'en venge cruellement. Batailleur, il recherche les disputes. Tous ces défauts viennent du sentiment qu'il a de sa puissance, et de la certitude de l'impunité.

Notre héros a encore bien d'autres défauts. C'est le plus déterminé menteur de la terre. Il nie l'évidence. Il déclare n'avoir bu que de l'eau quand il sent le vin à pleine bouche. Lui prouve-t-on son mensonge ? il se tire d'affaire par un autre mensonge. Son imagination lui suggère, sur-le-champ, des histoires étonnantes, avec force détails si précis qu'il donne l'illusion de la vérité. Il ment pour le plaisir de mentir et finalement il croit à ses propres mensonges ; car c'est un bavard qui se perd lui-même au milieu de ses bavardages. Il n'a pas trouvé son maître pour le faire taire. Aussi étourdi et bavard il faut bien se garder de lui confier un secret : « le secret de Polichinelle » est bientôt le secret de tout le monde.

En somme Polichinelle représente les vices des hommes et leurs instincts généreux ; il semble seulement qu'ils apparaissent chez lui comme au travers d'une lunette grossissante. Nous sommes forcés d'être indulgents en songeant que, souvent, nous ne valons pas davantage. Polichinelle a une mauvaise tête ; — une tête de bois très dure — mais il a aussi, sous sa grosse bosse de devant, un cœur généreux. Enfin, puisqu'il nous a fait rire, il faut bien qu'il lui soit pardonné ; souvenons-nous en effet de son vœu et reconnaissons qu'il l'a pleinement réalisé :

> Messieurs, si par mon badinage
> Je puis vous faire rire un instant,
> Pour moi c'est un grand avantage
> Dont je me trouverai content.
> Mon seul désir est de vous plaire,
> De vous amuser par mes jeux,
> Et mon vœu le plus précieux
> Est toujours de vous satisfaire.

CHAPITRE III

POLICHINELLE

SA VIE

Dans la famille de Polichinelle, on a toujours eu la fâcheuse habitude de ne pas annoncer les naissances ; ce qui rend malaisée la tâche d'établir ensuite les états-civils. Pour Polichinelle, comme pour Maccus, comme pour Pulcinello, on est dans l'incertitude : il est probable pourtant que sa naissance coïncide avec un des nombreux voyages que son père le Napolitain fit à Paris. Un fait qui est hors de doute, c'est que, malgré ses origines italiennes, il est né parisien. Toute sa vie, il reste parisien dans l'âme. Il a grandi dans les rues de la capitale ; il s'est mêlé au peuple dont il a gardé la verve gouailleuse, il a pris l'habitude du franc-parler parmi les forts de la Halle et du Port au Foin où le poète Malherbe disait que les écrivains devaient apprendre la vraie langue française ; ses images pittoresques et ses rudes railleries sont l'expression même de la pensée populaire.

Au contact du peuple, il s'est mis en réserve une grande dose de bon sens ; il a appris à noter les ridicules et à garder un jugement sain au milieu des travers de la mode.

Enfin il a l'humeur et l'esprit gaulois ; il aime les joyeusetés, et il ne craint pas d'appeler les choses par leur nom, si vulgaires que soient les termes.

E.

Cette précieuse qualité du naturel et cette saveur de terroir ne lui ont jamais fait défaut, parce qu'il n'a jamais cessé de vivre près du peuple. Les tréteaux où il jouait étaient installés en plein vent sur les places publiques, ou au coin des rues les mieux achalandées; là, il lançait des quolibets à ses spectateurs, artisans ou ménagères, qui n'étaient pas embarrassés pour lui envoyer la réplique. Car à cette époque, Polichinelle ne faisait pas seulement la joie des enfants; il divertissait les gens de tout âge. De la foule à la scène un courant continuel était établi et les réparties se croisant, joyeuses et inattendues, constituait un spectacle toujours plein d'intérêt.

C'est ce perpétuel échange d'esprit et cette sympathie de sentiments qui a permis à Polichinelle de devenir et de rester un héros national. Sans renier sa parenté, il a conquis dans son pays d'adoption une originalité puissante. Maccus et Pulcinello sont de pâles figures auprès de la sienne; le plus clair de leur héritage a consisté dans quelques déformations physiques, et dans un instinct héréditaire de plaisanterie. Mais, de même que les bosses de Polichinelle sont d'une énormité beaucoup plus réjouissante que celle du frêle Maccus, de même l'étincellement de son esprit laisse bien loin en arrière les pauvres plaisanteries de ses aïeux. Il n'a plus rien d'italien. Son éternelle bonne humeur, sa douce philosophie qui le conduit à toujours prendre les choses par le bon côté, son désir d'indépendance, son insouciance, l'accent narquois de ses critiques, son esprit frondeur et sceptique qui s'exerce sur les personnages et sur les traditions les plus respectés, en un mot, ses qualités et ses défauts sont d'un pur français.

Aussi malgré l'étrangeté de son costume, malgré le fantaisiste cortège de ses compagnons : Arlequin, Colombine, Pierrot, Cassandre, Scamarouche, venus en droite ligne de l'Italie, le public ne se méprenait pas. Il sentait que ses propres instincts, ses propres aspirations, s'exprimaient par la bouche de Polichinelle; il se recon-

naissait en lui. Voilà pourquoi il ne lui ménageait pas les applaudissements.

Polichinelle pouvait apparaître dans les rôles les plus divers;
cela ne paraissait ni impossible ni invraisemblable. Il restait toujours le même homme; seulement, tel ou tel trait de son caractère
s'accusait davantage selon les différentes circonstances. Et il y avait
pour le peuple un certain régal à retrouver roi, dix minutes après,
celui qui venait de disparaître derrière la toile dans un rôle de
laquais.

Car Polichinelle exerça toutes les conditions; toute sa vie il
monta et descendit à travers les rangs de la société, un jour grand
seigneur et le lendemain valet. S'amusant toujours prodigieusement dans ses transformations variées, il ne regrettait jamais l'état
qu'il venait de quitter.

Laquais, il était tout à la joie de servir son maître ou
plutôt de le mal servir, de le berner, de l'accabler d'une insolente
supériorité. Dans cette manière de comprendre son rôle, il recueillait
les suffrages unanimes de ses spectateurs, qui étaient de petites
gens, de petits bourgeois.

Il excitait l'admiration par l'ingéniosité de ses ressources, et par
le nombre infini de bons tours qu'il sortait de sa bosse. Il n'était
jamais en peine de trouver un nouveau maître; on se le disputait à
cause de son bel habit, de cette livrée cousue d'or qui n'avait pas
sa pareille à la cour du roi. Cela donnait bonne apparence à une
maison de le trouver, paradant dans l'antichambre, et faisait
grande impression sur les invités. On se l'arrachait tant, que
lui, sans vergogne, servait parfois deux maîtres à la fois, pour
toucher double bénéfice.

Servir est une façon de parler. Polichinelle était un valet
modèle en ce sens qu'il considérait la maison de son maître comme la
sienne propre, mais c'était pour son profit et ses commodités: Il
avait un attachement excessif pour tous les objets de valeur et il

poussait le dévouement si loin qu'il lui arrivait souvent de considérer l'argent de son maître comme son propre bien.

Polichinelle gardait toujours sa prestigieuse allure et son grand air. Comme il lui aurait paru déchoir d'accomplir les petites besognes qui incombent à un valet, il avait un sous-laquais à ses ordres, ce brave et obligeant Pierrot. C'est Pierrot qui fait les commissions, qui brosse les habits et qui cire les chaussures. Polichinelle ne lui donne pas de gages, mais seulement du travail et il le force à se tenir à une distance respectueuse, ou même à l'attendre dans l'antichambre.

Polichinelle a de la conversation et des manières si distinguées qu'il arrive qu'on le prend pour le maître. C'est un valet aristocrate qui peut recevoir des ordres de ses maîtres mais qui souvent leur donne des leçons, leur en impose, les intimide, à tel point qu'ils n'osent rien lui demander.

Dans cette situation, Polichinelle doit être logé, nourri, blanchi, habillé. Un jour, blessé de l'attitude de son maître, qui selon lui ne remplit qu'imparfaitement ses devoirs, une discussion s'engage.

— « Voyons, crie le maître, descendras-tu ce matin ?

— Oui, oui, je descends.

Mais Polichinelle tarde.

Un nouvel appel plus pressant se produit.

— Voyons, Polichinelle, veux-tu descendre ?

Alors Polichinelle, plein d'humeur répond.

— Ah ! écoutez donc ! Vous aviez promis de me loger, de me nourrir, de me blanchir ..

— Eh bien ! je te loge, je te nourris, je te blanchis.

— Vous m'avez promis aussi de m'habiller.

— Eh bien !

— Eh bien ! j'attends que vous veniez me passer ma culotte. »

Quand Polichinelle avait conciencieusement vidé les caves et surpris tous les secrets aux portes il s'ennuyait de son rôle et cherchait une autre profession. Il essaya de tous les métiers et apporta à chacun sa folle fantaisie. C'est ainsi qu'on le vit maître-maçon, se disputant avec le propriétaire parce qu'il avait la prétention de commencer la construction des maisons par les toits ; et qu'il fut maître d'école avec une nouvelle méthode d'enseignement, qui consistait à ramollir le cerveau des élèves qui avaient la tête dure à force de coups de bâton.

Enfin, on le vit gravir les plus hauts degrés de la société ; une ville le nomma bourgmestre. Puis on le rencontra vivant en grand seigneur. Ce rôle était de ceux qui lui convenait le mieux. Car il n'avait pas son pareil pour faire la révérence en posant la main sur son cœur et en tendant le jarret. Un jour même il devint roi. Probablement que le peuple, ébloui par son costume étincelant et son chapeau empanaché, s'était dit qu'un homme si bien vêtu et propriétaire de deux bosses — ce qui n'est pas l'apanage de tout le monde, — devait être supérieur au commun des mortels. S'il avait su le nombre de juges qu'il avait bernés, et de gens d'armes bâtonnés, peut-être eût-il hésité. Et encore ! un homme qui se moque de l'autorité, n'est-il pas, trop souvent bien considéré. L'histoire ne rapporte pas s'il fit le bonheur de ses sujets. Elle nous assure seulement, et nous la croyons facilement, que Polichinelle profita surtout de sa puissance pour satisfaire ses nombreux vices. Il tenait table du matin au soir, prenant huit repas par jour, se faisant servir des plats somptueux, des vins exquis, des liqueurs incomparables. Mais son appétit même lui donnait de la considération. En l'occurrence, tous ses défauts lui servaient. Négligeant d'être un grand roi, il s'attachait uniquement à garder une si bonne place. Ainsi d'une part donnant confiance au peuple par ses mensonges et ses promesses, il se faisait redouter d'autre part par son despotisme et son esprit batailleur. Les courtisans, inclinés devant sa bosse, le flattaient en disant. « Sa Majesté Polichinelle reçoit bien, parle bien, est habile et sait se faire respecter. C'est le plus grand monarque de la terre. »

A travers tous ses rôles et toutes ses professions, Polichinelle eût toujours le plus complet oubli de ses devoirs. Point sentimental, fort égoïste, il ne pensa jamais qu'à ses plaisirs.

De la mort de Polichinelle il n'est jamais question. Il est certain seulement qu'il y échappa de nombreuses fois. A plusieurs reprises, il fut arrêté par la justice à cause de ses forfaits, jeté en prison et condamné à mort. Il trouva toujours de nouvelles ruses pour s'échapper, tel ce jour où, prétextant qu'il ne savait pas se servir de la corde qui pendait à la potence, il passa la tête du bourreau dans le nœud coulant et sauva la sienne.

La mort elle-même, se présentant devant lui, avec sa faux tranchante, ne l'intimidait pas. Il finissait par en avoir raison, ainsi que le prouve le dialogue suivant :

La mort. — Polichinelle tu dois mourir !

Polichinelle, (faisant mine de ne pas comprendre). — Quoi ! je vais hériter ? Ma tante est-elle morte ?

La mort. — Tu dois mourir et venir au tombeau avec moi.

Polichinelle. — Que dit le farceur, que je dois mourir ? Écoute, vieux ; il est trop tôt, tu as mal calculé.

La mort. — Je ne me trompe jamais dans mes calculs. Ta dernière heure est venue.

Polichinelle. — Attends, je vais prendre congé de ma femme.

La mort. — Je n'accorde pas cela. Viens avec moi dans le tombeau.

Polichinelle. - Mais, si je ne veux pas ?

La mort. — Alors, je t'y forcerai.

Polichinelle. — Bavarde, fais attention !

La mort. — Allons, marche. Un, deux, trois…

Polichinelle, (la frappant.) — Quatre, cinq, six, sept…. (La mort se sauve en hurlant de douleur.)

CHAPITRE IV

POLICHINELLE

> Que Pantin serait content
> S'il avait l'art de vous plaire
> Que Pantin serait content,
> S'il vous plaisait en dansant !
>
> C'est un garçon complaisant,
> Gaillard et divertissant,
> Et qui, pour vous satisfaire
> Se met tout en mouvement.

Comme on vient de le voir, aussitôt qu'il apparut en France et qu'il monta sur les tréteaux des carrefours, Polichinelle conquit les suffrages du public. Sa vogue ne fit que s'accroître dans le courant des XVIIᵉ et XVIIIᵉ siècles. Dès lors, il nous apparaît mêlé à toutes les phases de notre histoire. Il n'est pas d'événements, de faits de guerre ou de changements de ministres sur lesquels il n'ait dit son mot, qui reflète l'opinion populaire. De plus, il obtenait une telle popularité sur ses tréteaux, les théâtres en plein vent, où il apparaissait, étaient devenus si nombreux, que sa renommée parvint jusqu'à la cour et que nos plus grands écrivains s'y intéressèrent. Polichinelle devint alors un des personnages les plus importants du royaume.

Ses premiers triomphes datent de la fin du règne de Henri IV. A cette époque, il paraissait la caricature même des hommes de guerre et des grands seigneurs. Sa bosse de devant était comme l'exagération comique d'une cuirasse bombée ou de ces ventres à la poulaine dont la mode s'était, vers ce temps-là, répandue à la cour, par imitation de la courbure des cuirasses. Sa coiffure, qui n'était pas encore le bicorne moderne mais un feutre à bords retroussés, était semblable au feutre des cavaliers du temps.

Il semble même que la parodie de Polichinelle n'était pas seulement extérieure; dans ses manières et son parler il poussa l'irrespect jusqu'à imiter le bon roi Henri IV et son entourage de gentils-hommes gascons. D'ailleurs, ces gasconnades c'est bien le cas de le dire devaient être faites sans méchanceté, car Henri IV était aimé et le peuple n'eût pas permis qu'on le tournât en ridicule.

Pendant les guerres d'Espagne qui épuisèrent si longtemps les forces de la France, la gaîté des chansons de Polichinelle adoucit de rudes souffrances.

Sous son uniforme chamarré, on croyait entendre Mignolet lui-même, quand il chantait :

> Je suis le fameux Mignolet
> Général des Espagnolets.
> Quand je marche, la terre tremble.
> C'est moi qui conduis le soleil,
> Et je ne crois pas qu'en ce monde
> On puisse trouver mon pareil.
> Les murailles de mes palais
> Sont bâties des os des Anglais.
> Toutes mes salles sont dallées
> De têtes de sergents d'armées
> Que dans les combats j'ai tués (*bis*).

Je veux, avant qu'il soit minuit
A moi tout seul prendre Paris.
Par dessus les tours Notre-Dame
La Seine je ferai passer
Des langues des filles et des femmes
Saint-Omer je ferai paver.

Cette chanson où les prétentions et les rodomontades espagnoles étaient si spirituellement raillées fut aussi populaire à la fin du xvi⁰ siècle que la chanson de Malborough au xvii⁰.

Pendant la minorité de Louis XIV, sous la régence d'Anne d'Autriche qui avait conservé l'Italien Mazarin comme premier ministre, Polichinelle pût s'en donner à cœur joie de persifler et de critiquer. Les occasions ne manquaient pas.

Pendant la Fronde, nous trouvons Polichinelle au premier rang des frondeurs, exhalant son mécontentement en couplets satiriques, en mazarinades. Le premier ministre ne s'en souciait guère et, connaissant le caractère léger des Français, répondait par ces mots : « S'ils cantent la canzonnetta, ils pagaront », (s'ils font des chansonnettes, ils payeront.) C'était en 1649. Polichinelle lui riposta dans une lettre fameuse où il fit comprendre au ministre que s'il réussissait à s'imposer par la force il n'en était pas moins méprisé ; Mazarin, sous la réprobation publique, venait d'être en effet obligé de quitter Paris.

« Je puis me vanter sans vanité, Messire Jules, disait avec esprit Polichinelle, que j'ai été toujours mieux vu que vous du peuple et plus considéré de lui, puisque je lui ai tant de fois entendu dire de mes propres oreilles : « Allons voir Polichinelle ! » et personne ne lui a jamais entendu dire : « Allons voir Mazarin ! » C'est ce qui fait que l'on m'a reçu comme un noble bourgeois dans Paris, tandis que vous, au contraire, on vous a chassé ! »

Et Polichinelle en manière de signature écrivait orgueilleusement au bas de sa lettre ces quatre vers qui étaient comme un défi :

Pour vous servir, si l'occasion s'en présente,
Je suis Polichinelle
Qui fait la sentinelle
A la porte de Nesle.

Comme nous l'avons déjà vu, c'est en effet, près de cette porte, que Polichinelle, à cette époque, avait ses tréteaux, dans l'endroit même où s'élève aujourd'hui l'Institut de France, c'est-à-dire tout près du Pont-Neuf, un des passages les mieux achalandés de la capitale.

Sa verve mordante, son inépuisable fantaisie lui faisaient une réputation de plus en plus étendue, qui parvint même jusqu'aux oreilles du Grand Roi. Celui-ci le manda au château de Saint-Germain-en-Laye où résidait alors la Cour, avec ordre de divertir le Dauphin, âgé de neuf ans.

Malgré son aplomb habituel, il est probable que Polichinelle sentit passer dans son dos, ce que les comédiens appellent le trac, quand pour la première fois il parut à la Cour du Dauphin et qu'il joua devant l'enfant royal « bien ajusté, couvert de pierreries et le plus joli du monde » comme le décrivait Mme de Maintenon.

Cependant, Polichinelle dût montrer de l'audace et de l'entrain. Ses pirouettes et ses farces firent sans doute rire le Dauphin, sourire le Roi, et, après lui, suivant l'usage, toute la Cour, car on le retint pendant six mois à Saint-Germain. Nous savons que les partenaires qui partagèrent avec lui l'honneur d'égayer le Dauphin furent sa femme, la mère Gigogne, le juge, l'archer, l'apothicaire, le bourreau. On peut aisément déduire que jamais Polichinelle ne rossa le guet avec plus d'ardeur qu'à la cour de Louis XIV.

Au bout de ces six mois de récréation, Bossuet était nommé précepteur de l'héritier présomptif de la couronne; l'éducation sérieuse commençait; l'enfant devait se préparer à ses lourdes charges. Les amusements furent supprimés et Polichinelle reprit le chemin de Paris.

Cet événement, qui se passa en 1669, fut l'apogée de la gloire de notre héros.

La consécration suprême, la faveur royale, l'avait, du coup, rendu célèbre, parmi les grands seigneurs et les grandes dames ; tous voulurent l'applaudir. Ce fut un engouement extraordinaire. Si bien qu'à partir de cette époque, Polichinelle dut faire afficher « qu'il n'allait en ville qu'en avertissant un jour devant ». Il faisait tellement fureur que ses soirées étaient prises à l'avance. Tour à tour il joua devant le duc de Bourbon et le duc de Bourgogne, devant la duchesse du Maine et devant la duchesse de Berry ; le duc de Guise le fit venir à Meudon pour égayer ses collations.

Reçu dans les salons, choyé des grands, Polichinelle n'en demeura pas moins toujours fidèle à ses tréteaux et à son public populaire. On peut même dire que la rue fut toujours son lieu de prédilection et qu'il réservait pour elle ses saillies les plus savoureuses. Sans

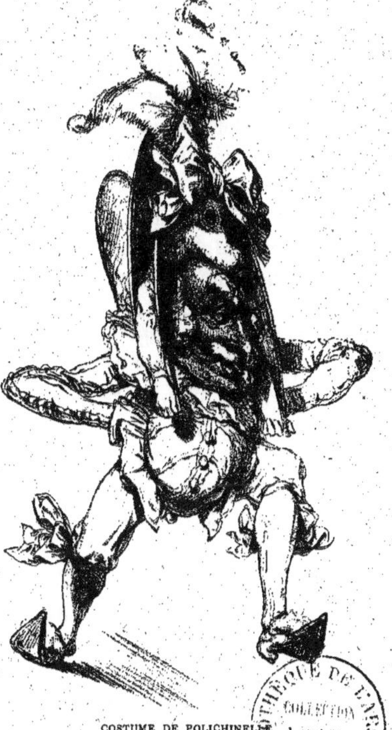

COSTUME DE POLICHINELLE
Travestissement par GAVARNI (Extrait du *Charivari*, 1853)

quitter la porte de Nesle, il se répandit dans tout Paris. A partir de 1678, on le vit à chaque foire et son estrade était toujours la plus entourée. C'est vers lui plus encore que vers les ménageries d'animaux curieux que le public se précipitait.

Les farces de Polichinelle avaient toujours un tel piquant de nouveauté que l'engouement, au lieu de diminuer ne faisait que s'accroître. Tandis que son parterre enthousiaste s'empilait autour de ses baraques, les grands théâtres d'alors, la Comédie Française et la Comédie Italienne, avaient souvent leurs banquettes vides. Nous avons vu qu'une haine mortelle — et combien ridicule ! — fut vouée par les illustres comédiens de ces deux maisons, à l'humble estrade de la foire. Cet excès de jalousie était le plus bel hommage qui pût être rendu à Polichinelle.

Nous avons déjà parlé du duel épique qui s'engagea. Nous avons déjà dit comment les comédiens, qui avaient de puissants protecteurs à la Cour, obtinrent du roi un édit qui défendait à Polichinelle de jouer la comédie soit en monologue, soit en dialogue. Comme ils n'entrevoyaient pas d'autres manières de la jouer, ils espéraient obtenir ainsi la mort, sans phrases, — c'est le cas de le dire, — de Polichinelle. Ils avaient compté sans leur hôte. Polichinelle n'est jamais à bout de ressources. Il ne pouvait plus parler? Il chanterait. Et il décocha des couplets satiriques de la plus mordante ironie sur ses illustres confrères de la Comédie ; il parodia leurs pièces, il imita le ton emphatique de leurs voix.

Ce fut au tour des chanteurs de l'Opéra de se plaindre de la concurrence, et de demander au roi la suppression pure et simple de Polichinelle. Mais celui-ci se moquait de tous les arrêts, car il était un privilège qu'on ne pouvait lui retirer, c'était de siffler. Et tant que Polichinelle sifflera, il vivra. Il eut, bien entendu, en toute cette affaire, le dernier mot.

Comme un défi aux attaques dont il était l'objet, il inscrivit également, au fronton de son théâtre, cette épigraphe orgueilleuse : « J'en valons bien d'autres. »

Ainsi, Polichinelle sortait victorieux de cette lutte avec ses

illustres confrères, qu'il ne cessa, dans le courant des xvii⁰ et
xviii⁰ siècles d'accabler de ses épigrammes.

Les comédiens, ayant pris l'habitude de faire une harangue au
public, Polichinelle, les parodiant, composa cette harangue, où il
se défendait en même temps qu'il critiquait :

« Songez, Monseigneur le public, que nos acteurs n'ont pas les
membres fort souples, et que, souvent, on croirait qu'ils sont
de bois. Songez que nous sommes aussi les plus anciens polissons,
les polissons privilégiés, les polissons les plus polissons de la
foire, songez enfin que nous sommes en droit, dans nos pièces,
de n'avoir pas le sens commun. Vous allez voir dans un moment
avec quelle exactitude nous soutenons nos droits.

Bonsoir, Monseigneur le public, vous auriez eu une plus belle
harangue, si j'étais mieux en fonds. Quand vous m'aurez rendu plus
riche, je ferai travailler pour moi le faiseur de harangues de ma
très honorée voisine, la Comédie-Française, et je viendrai vous
débiter ma rhétorique empruntée, avec le ton de Cinna et un justau-
corps galonné comme un trompette. Venez donc en foule, et
ouvrez-nous vos poches.

> Ah ! Messieurs, je vous vois, je vous aime ;
> Ah ! Messieurs, je vous aimerai tant,
> Si vous m'apportez votre argent ! »

En 1712, toujours à l'affût des événements politiques et natio-
naux, il exerçait ses railleries sur l'esprit de conquête de Louis XIV
et sur les batailles que livraient ses généraux. Un jour qu'il jouait
le rôle du maréchal de Villars, récemment victorieux à Denain du
prince Eugène, le maréchal lui-même, fit irruption dans son théâtre,
avec un nombreux cortège de grands seigneurs et de dames. Et sa
burlesque contrefaçon fit rire de bon cœur le général qui venait
de sauver la France.

Malgré ses reparties un peu grasses, et ses polissonneries d'un
goût quelquefois douteux, Polichinelle continuait à avoir la vogue
dans les salons, chez les grandes dames, et chez les actrices de
l'Opéra qui le faisaient venir pour suivre la mode des duchesses.
Conduit sur le petit théâtre de la duchesse du Maine, à Sceaux, il fut
manœuvré par Voltaire, qui lui fit débiter, dans une courte improvisation, un compliment au Comte d'Eu, grand-maître de l'artillerie :

> Polichinelle, de grand cœur,
> Prince, vous remercie.
> En me fèsant beaucoup d'honneur
> Vous faites mon envie.
> Vous possédez tous les talents ;
> Je n'ai qu'un caractère,
> J'amuse pour quelques moments,
> Vous savez toujours plaire.

D'ailleurs, pendant toute sa vie, Voltaire honora Polichinelle de
son amitié. Cela n'a pas de quoi nous surprendre. Notre héros et
le grand écrivain devaient se comprendre admirablement, n'avaient-
ils pas un trait commun ? l'esprit mordant et caustique. On peut dire
qu'en s'insurgeant contre tous les travers, Polichinelle comme Voltaire a donné lui aussi son coup de pioche dans l'édifice croulant et
à contribuer dans une certaine mesure, à l'avènement de la Révolution.

Cependant, il manquait quelque chose à la gloire de notre
héros. Fêté par tous, reçu chez tous, l'Académie, comme bien l'on
pense, refusait énergiquement de lui ouvrir ses portes. Un jour,
chez la duchesse du Maine, petite-fille du grand Condé, qui tenait
à Sceaux une Cour demeurée célèbre, une réunion d'hommes illustres
décidèrent que Polichinelle avait suffisamment de titres littéraires
pour briguer un fauteuil.

Dans sa requête, qui avait été écrite par un prince du sang, le

UN THÉATRE DE MARIONNETTES A BORD, EN 1855.
(Extrait de l'Illustration, 1855).

duc de Bourbon, et, ce qui ne manque pas de sel, par un académicien, M. de Malezieu, Polichinelle exposa la légitimité de ses
prétentions ; il appuya ses droits sur un nombre infini de coq-à-l'âne.
Puis il donna un échantillon de son futur discours de réception, il y
énumérait certaines difficultés de langage sur lesquelles il se sentait
quelque crapule (scrupule), il citait certaines expressions équi-
voques qui n'avaient pu, disait-il, échapper à des nez tels que
ceux de Messieurs les Quarante, et il voulait purifier le fameux
dictionnaire, toujours inachevé.

Cette représentation produisit un grand scandale. Les académiciens ne purent supporter qu'on les eût traités en Polichinelle.
Ils mirent en quarantaine M. de Malezieu, le transfuge ; ils refusèrent
désormais de lui faire cadeau de leurs ouvrages, selon l'usage. A quoi
Polichinelle riposta que ce n'était pas une grande perte. Il déclara
également avec fierté qu'il saurait se passer du brevet d'immortalité décerné par l'Académie, et il mit au défi, un grand nombre
d'académiciens, de rester aussi longtemps que lui dans la mémoire
des hommes.

Vers 1760, quand les foires devinrent à Paris de plus en plus
rares et de moins en moins fréquentées, Polichinelle s'installa au
Palais-Royal et sur les boulevards qui commençaient à être le rendez-
vous de la haute société, comme nous l'avons précédemment vu.

C'est là que la Révolution le trouva, sans le surprendre. Ayant
crié contre beaucoup d'abus et sifflé un grand nombre de privilèges,
il ne pouvait que se réjouir du nouvel état des choses. Patriote, il
célébra le courage civique ; quand les titres de noblesse furent
supprimés, il joua la Démonseigneurisation, et prit part à tous les
événements qui troublèrent cette période sinistre.

Après Thermidor, quand le calme fut revenu, Polichinelle ayant
pris, probablement dans les horreurs de la guerre civile, le dégoût
de la politique, retourna à ses anciennes farces, et s'enferma dans
son vieux répertoire.

En 1820, nous le trouvons dans les sous-sols et les rez-de-chaussée des quartiers populeux, ou dans les carrefours. A la lueur d'un quinquet fumeux, il débite son éternel compliment. Puis nous l'avons vu s'intaller somptueusement dans les jardins des Champs-Élysées et du Luxembourg. Sous Napoléon III, sa vogue n'ayant pas décliné : nous l'avons vu jouer devant l'Empereur au Palais des Tuileries.

En 1854, il eut encore l'honneur de divertir nos soldats qui partaient combattre en Crimée. Les zouaves et les grenadiers de la garde impériale, pour charmer les loisirs de la traversée de Marseille à Sébastopol, avaient emmené sur leur navire un Polichinelle.

C'était un Polichinelle magnifique qu'ils avaient taillé eux-mêmes avec soin, à l'aide d'un canif, et qu'ils avaient doré sur toutes les coutures à l'aide d'un galon hors d'usage. Il avait pour partenaire le chat du bord, une jolie bête dressée à présenter les armes et à faire le beau. Les luttes de Polichinelle et du chat amusèrent longtemps nos soldats, jusqu'au jour où le cuisinier d'une escouade supprima l'un des personnages, pour en faire une gibelotte.

Polichinelle suivit nos troupes jusque sur les champs de bataille.

Telles furent, à travers les âges, les fantastiques et incroyables aventures de Polichinelle. Si sa vie fut loin d'être exemplaire, si ses vices l'emportèrent trop souvent sur ses vertus, au point qu'il apparut comme une caricature d'être humain plutôt que comme un homme, la trace qu'il a laissée dans l'histoire, grâce aux actes de sa vie publique, est infiniment glorieuse.

A tous les moments de notre épopée nationale, il se dresse dans une fière attitude, bravant toujours un méchant ou un sot. Peu d'hommes ont rendu autant de services à leur pays ; toute sa vie il, a poursuivi les ridicules, et, selon le vieux dicton latin, il a corrigé les mœurs en riant. Ses leçons furent parmi les meilleures, parce que spontanées et immédiates. Les comédies que font les écrivains ne corrigent personne parce qu'on y sent trop l'artifice. Sans préoccupation d'artiste, Polichinelle s'élève à l'art le plus haut, parce qu'il est vrai ; son sifflet stride entre ses lèvres sitôt le vice aperçu, et ses boutades ont souvent plus de force que les plus fines analyses.

C'est le secret de l'éternité de Polichinelle. Il sera toujours plus fort que la mort, échappera aux bourreaux comme aux pires catastrophes. Tant qu'il y aura des vices sur la terre, il faudra bien qu'il y ait un Polichinelle pour les flétrir, prompt à accourir avec son sifflet, son esprit et son bâton.

Déjà il est entré tout vivant dans l'immortalité. Les plus grands génies lui ont rendu hommage ; Voltaire, Gœthe, George Sand, Anatole France lui ont marqué de l'estime, ou en ont fait des portraits qui passeront à la postérité. De grands peintres ont rendu la folie tournoyante de ses gambades et la splendeur des soies dont il est habillé.

Rien ne manque plus à sa gloire. Mais il est probable, qu'entre tous les témoignages d'admiration, celui qui le touche davantage est celui qui vient d'une figure d'enfant, illuminée de joie, à la vue de ses grimaces.

CHAPITRE V

LES COMPÈRES DE POLICHINELLE

Auprès de Polichinelle, avec une gloire aussi populaire que la sienne, nous trouvons fidèlement attachée à ses pas son épouse dame Gigogne.

C'était une femme d'une nature généreuse et qui eut tant d'enfants qn'on n'arriva jamais à les compter. D'où venait-elle? On ne sait pas. Il est probable pourtant qu'elle avait beaucoup fréquenté les halles si on en juge par la verdeur de son vocabulaire. Quant à son âge, dame Gigogne eut la coquetterie de ne jamais le dire.

Dans les récits d'autrefois, on nous la montre richement habillée et couverte de toutes sortes de babioles. Dans ses cheveux brillaient une multitude de peignes et des miroirs pendaient à sa ceinture. Aujourd'hui, c'est une bonne vieille grand'mère en bonnet et tablier blanc, très simplement vêtue. On la voit ouvrir tout grand ses bras comme pour y recevoir ses innombrables petits-enfants.

Après bien des orages dans le ménage, bien des querelles et bien des coups, Polichinelle et dame Gigogne se sont réconciliés, pour la tranquillité de leurs vieux jours. Ils ne paraissent d'ailleurs plus guère ensemble.

Autour de Polichinelle évolue également un certain nombre de personnages dont quelques-uns méritent l'attention. Ce sont ou des complices de Polichinelle ou des victimes.

La plupart vinrent d'Italie où ils étaient les compagnons habituels de Pulcinello. Ils ne rencontrèrent pas tous la même faveur auprès

du public français. C'est ainsi que Cassandre, père continuellement trompé par ses enfants, berné par tout le monde, et que

LA MÈRE GIGOGNE
Marionnette de Ferry et Ed. Fruit.

Pantalon, vieillard avare, portant la culotte longue qui a pris
son nom, disparurent promptement de nos scènes de marionnettes.

Il n'en fut pas de même d'Arlequin dont le célèbre habit amusa
longtemps la foule. C'était un vêtement composé de petits morceaux de

drap triangulaires et de diverses couleurs. Bien ajusté, collant même, il laissait aux mouvements leur grâce et leur élégance. Car Arlequin était joli garçon. Il courait souvent les aventures et n'yayant pas toujours le beau rôle, il avait trouvé prudent de se cacher le visage sous un masque noir et de ne jamais sortir qu'armé d'une longue batte de bois. Il était fort souple, leste et avisé, changeant d'opinion suivant les circonstances. Il était, comme son habit, de toutes les couleurs. Malgré ses vices, ou plutôt à cause de ses vices, il faisait la conquête de beaucoup de gens qu'il séduisait par son charme un peu canaille. Au reste, toujours insouciant, ne se laissant jamais abattre par les revers, il gagnait sa vie, aux heures de détresse, en jouant de la guitare.

Une de ses chansons le peint, du reste :

Toujours joyeux, toujours content,
Je sais braver la misère ;
Pour la rendre plus légère
Je la supporte en chantant.

PIERROT GUITARISTE
Palazzo de Lemercier de Neuville.

Un autre personnage que Polichinelle amené d'Italie devint encore plus populaire. Ce fut Pierrot dont la figure devint immortelle.

Pierrot est un poète, c'est-à-dire un être candide, rêvant toujours à des chimères et chantant de jolies chansons. Tout maigre sous son vêtement blanc, Pierrot est un souffre-douleur, victime de bien des farces, recevant souvent des coups de bâton. Pâle adorateur de la lune, il va toujours les yeux au ciel, tirant une ballade de sa guitare.

Il suffit d'ailleurs de l'écouter quelques instants, pour le connaître :

« Au chêteau où je suis berger, on me commande, on me bouscule, on me dit : Pierrot, viens ici ! Pierrot, va là ! Pierrot, tu n'es qu'un imbécile. On trouve que je ne fais rien de bon, et c'est peut-être vrai, mais on me le dit durement ! Alors je m'en vais aux champs tout seul et je pleure sur mon pain sec. Je n'ai personne pour me consoler qu'un pauvre chien qui mange mes miettes, et qui est souvent battu comme moi. Bien souvent, le soir, je regarde la lune et les étoiles et je m'imagine qu'un de ces astres est attaché à ma destinée, et je lui demande de me réléver les secrets de l'avenir. Une fois, j'ai entendu un chant merveilleux qui a duré longtemps. Malheureusement je n'y pouvais rien comprendre, car je ne connais pas le langage des étoiles. Quand il fut fini, je vis s'envoler un rossignol ; alors, je crois bien que c'est l'oiseau qui avait chanté [1]. »

D'ordinaire, on lui donne à faire les grosses besognes de la campagne. Il passe sa vie avec les oies, les vaches et les bœufs ; mais il rêve en secret à des princesses lointaines et timidement leur adresse, en imagination, de jolis vers.

Il adore aussi la fraîche Colombine, à qui les fées, quand elle naquit, ont donné des cheveux d'or, des yeux bleus et un charmant sourire sur des lèvres roses.

Ce lui fut une grande joie quand elle voulut bien l'accepter pour mari et on put chanter à leurs noces :

> Pierrot est un gentil garçon,
> Il est aussi gai qu'un pinson,
> Colombine est fraîche et jolie
> Comme une fleur de la prairie :
> Oui, oui, les deux époux
> Feront ce soir bien des jaloux.

CHAPITRE VI

GUIGNOL

SA PHYSIONOMIE. — SON COSTUME. — SON CARACTÈRE

Guignol est un enfant abandonné et oublié dès sa naissance par Polichinelle dans la vie de Lyon. Polichinelle, mauvais époux, mauvais père, ne se soucia jamais de sa progéniture.

La date officielle de la naissance de Guignol est le 22 octobre 1808 dans un café de la rue Noire, à Lyon. Ce n'est qu'une date officielle, qui n'est peut-être pas très exacte. Il serait plus vrai de dire que ce fut ce jour-là qu'on constata son existence. C'était déjà un assez grand garçon ayant accompli maints exploits. Seuls, le Bailli qui avait à juger Guignol chaque soir et le gendarme qui avait à recevoir ses coups de bâton, pourraient indiquer la date de sa naissance avec certitude. Mais nous ne pousserons pas plus loin l'enquête : il nous suffit de savoir que Guignol est né au commencement du xixe siècle.

Il fut baptisé par un vieux canut de Lyon. On appelle canut, le tisseur de soie qui travaille à son métier dans sa boutique. Cette profession était très répandue à Lyon, autrefois ; ces ouvriers, alors très nombreux, n'existent plus maintenant. Des machines perfectionnées exécutent le travail qu'ils faisaient à la main.

Donc, le petit théâtre où le nouveau personnage était exhibé avait pour voisin un vieux canut très gai, qui aimait les facéties ; quand l'ouvrier avait ri de bon cœur à une plaisanterie, il disait pour marquer le suprême degré de sa satisfaction : « C'est Guignolant. » Comme il avait coutume de lancer cette approbation à haute voix, pendant la représentation, le public, à son tour, s'empara de l'expression, et chacun prit l'habitude d'appeler Guignol le petit personnage qui déchaînait les rires.

Guignol, ayant grandi dans la ville de Lyon complètement à l'aventure, n'était au début qu'un petit gone (petit garçon) faisant des farces. Il excellait dans l'art de crever les carreaux de papier des boutiques avec sa tête, en demandant effrontément : « Quelle heure est-y, siouplait? » Il n'avait reçu aucune éducation. Aussi, quand le temps vint de prendre un métier, il choisit naturellement celui qui était le plus répandu : il se fit canut. Cette profession nourrit à peine son homme. Guignol resta toute sa vie un modeste ouvrier, habitant le quartier de la Croix-Rousse, travaillant chez lui dans une chambre exiguë, sans air ni lumière, mais attaché cependant à ses meubles boiteux, à son escalier malodorant et à son quartier sans élégance. Son humble existence ne lui permettait pas de distractions luxueuses; il avait le perpétuel souci de payer son terme au propriétaire et n'arrivait pas toujours à gagner suffisamment.

Vêtu très simplement, en petit bourgeois, il portait une jaquette de couleur marron ou vert foncé dont la coupe n'était plus à la mode depuis longtemps, mais qui aurait fort bien habillé un élégant du Directoire. Ainsi habillé, Guignol, le joli garçon, avait encore bonne mine; car sa taille était très droite. Polichinelle avait eu l'esprit de ne pas lui transmettre ses bosses.

Ses cheveux étaient également coupés à l'ancienne mode, qu'on appelait catogan : la natte, réunie sur la nuque par un nœud, était rigide, se relevait très haut à son extrémité, d'une façon drôlatique et frétillait comme une langue. Guignol, appelait cette mèche excentrique son sarsifis, probablement à cause de sa ressemblance avec une racine de salsifis. Sur cette coiffure, s'enfonçait un petit chapeau

GUIGNOL

en lampion, sorte de bonnet déformé qui faisait vaguement penser
au légendaire petit chapeau de Napoléon.

Tout cet appareil vestimentaire, Guignol l'a conservé dans

LE GUIGNOL PARISIEN
Marionnette de Ferry et Ed. Fruit

le cours du xixe siècle, et c'est encore ainsi qu'il se montre non
seulement à Lyon, mais à Paris et dans tous les théâtres de
France.

Guignol n'a pas changé non plus de visage. Tel vous l'apercevez aujourd'hui, tel il fut toujours. Pas un poil n'a poussé sur sa bonne figure joviale et arrondie, il est toujours rasé de frais et ses joues, aux pommettes saillantes, sont toujours aussi roses. Il a le même air

MADELON.
Théâtre de Pierre Rousset.

candide et étonné que lui donnent ses sourcils relevés et ses yeux cernés de cils noirs sont aussi malins. Ses lèvres, relevées aux extrémités par un sourire, lui donnent éternellement l'apparence d'un homme heureux, que les petites misères de la vie ne sauraient attrister. Sa voix, aiguë et narquoise, prend, pour lancer les plus désopilantes facéties, des éclats de trompette.

Car il tient de son père Polichinelle, qui ne lui a pas laissé d'autre héritage, cette heureuse disposition du caractère qui consiste à rire de tout, ou, comme il dit lui-même, à se gausser de tout. Insouciant et léger, il ne fait jamais sur les événements de longues réflexions ; il n'y cherche que matière à plaisanterie.

Il jouit donc d'une saine gaîté, d'une allègre bonhomie et son enjouement dériderait le plus hargneux. Les reparties spirituelles fusent de sa bouche comme un feu d'artifice. Un homme d'esprit a dit de lui qu'il éternuait les bons mots. D'ailleurs ses yeux pétillent de tant de malice, sa bouche est si moqueuse que, ne dirait-il rien, il aurait encore l'air de faire la nique aux gens.

Quoiqu'il soit resté fort ignorant, il ne manque pas de bon sens. Si en certaines occasions il lui arrive, comme à tous les hommes, de ne pas voir plus loin que le bout de son nez, qu'il a fort court, il lui arrive plus souvent encore d'étonner par sa finesse. Et, ce qui peut nous étonner davantage, il est foncièrement honnête. Évidemment, il n'est pas parfait, mais qui peut se vanter de l'être, en ce bas monde ? Guignol a bien des écarts dans sa vie ; il lui arrive de rosser les gendarmes, mais cela ne l'empêche pas d'avoir le respect de l'autorité et de craindre le juge. Il joue des tours à son propriétaire, le terrible M. Canezou, mais il finit toujours par le payer. Il jure, mais il paye : « Nom d'un rat ! » Il n'a pas l'ombre de canaillerie dans l'âme. C'est un bon cœur ; il aime à rendre service à ses amis, avec un dévouement irraisonné, spontané et admirable. Certes il ne s'embarrasse pas trop de scrupules et, quelquefois, il ne recule pas devant une indélicatesse : c'est là un vieux fonds de défauts qu'il tient de Polichinelle. Son imagination est inépuisable en roueries, qu'il s'agisse de servir le vice ou de venger la vertu. Mais en somme, il faut reconnaître, que toujours il punit les méchants : Il voudrait qu'on emprisonne tous les voleurs et il aide à les faire arrêter ; toutefois, si les chenapans ont l'adresse de lui faire des protestations de repentir, Guignol, qui a le cœur sensible, se laisse attendrir et les relâche : « Faut avoir pitié du pauvre monde » dit-il en levant les épaules.

LE MÉDECIN
Marionnette de FERRY et Ed. FRUIT.

Faisons comme Guignol, ayons pour lui l'indulgence qu'il nous enseigne à avoir pour les autres. D'ailleurs connaîtrions-nous ses mauvaises actions, si, poussé par le repentir, il ne les avouait? Guignol est un sincère; il ne cache rien de ses actes.

Cette franchise qui se répand en bavardages lui joue souvent de vilains tours. Aussi, il a des colloques impayables avec sa langue :

— Gredine de langue! s'écrie-t-il. Scélérate, va. Je te loge, je te nourris, et tu parles contre moi. Sois tranquille!

Et il la soufflette de toute sa force, il la cogne contre les montants du théâtre.

Guignol est assez enclin à la bamboche et, sans être un buveur, il aime, comme il dit, à se rincer la corgnole, c'est-à-dire à se rafraîchir le gosier.

Il semble que, dans sa jeunesse, Guignol fut assez poltron : Il avait l'habitude de répondre, dans ses moments de poltronnerie, « qu'il ne craignait que le danger. » Plus tard, il est probable qu'il s'aguerrit et devint très courageux, car il ne pouvait pas supporter qu'on fît allusions à ses couardises. Voici la fière réponse qu'il fit à quelqu'un qui lui reprochait un jour d'avoir eu peur :

Moi, peur! moi! Depuis quand? Moi, j'ai peur pour ma peau,
Un gone de Lyon! Un enfant du plateau!
On voit bien que jamais les pieds ni ta frimousse
N'ont gravi le chemin qui monte à la Croix-Rousse.
T'as pas vu les Brotteaux, ni Saint-Juste, ni Saint Jean!
Jamais tu n'as passé sur le vieux pont Morand!
T'as pas piqué la tête en plongeant dans la Saône.
T'as pas sauvé ton frère au beau milieu du Rhône;
T'as pas vu les combats des enfants des faubourgs,
Pour l'honneur du quartier se battant tous les jours.
T'as pas vu ces moutards pas plus hauts qu'une botte
Défendant leurs drapeaux et perdant leur culotte.
Si t'avais vu tout ça seulement une fois,
Tu comprendrais alors qu'on descend des Gaulois!

CHAPITRE VII

GUIGNOL

SES AVENTURES

Si l'on peut décrire facilement le costume et la physionomie de Guignol, il est impossible de rendre, par des paroles, ses gestes et ses mines. Il faut les avoir vus. Les bons mots qu'il dit sont toujours cent fois moins drôles que les mimiques qui les accompagnent. Il a de l'esprit dans tout son corps, jusqu'au bout de ses ongles, plus encore que dans sa tête. Pour quelqu'un qui n'a pas de jambes et dont le bas du corps est enveloppé d'une longue robe, c'est un personnage singulièrement alerte. Il danse, se trémousse tout aussi bien qu'un autre et ses cérémonieuses courbettes sont si bien inclinées jusqu'à terre qu'elles ressemblent à des plongeons.

Il a des trépignements de colère qui font trembler tout son corps et certes, à ce moment il est terrible. Quand il a fait une faute et qu'on la lui reproche, il a une façon de cacher sa figure derrière son bras tout à fait comique. Comme les autruches, il s'imagine de la sorte se rendre invisible. Un acrobate n'aurait pas plus de légèrete et de désinvolture. Il tourne sur lui-même comme une toupie lorsqu'il veut confier rapidement une réflexion au spectateur, sans que son interlocuteur l'entende. Quant à son rire, qui secoue tout son corps et le contorsionne, il est si communicatif qu'il a bientôt fait de gagner tous les spectateurs. Enfin, c'est merveille de voir

avec quelle dextérité il manie les objets. Il n'a pas son pareil pour
faire un déménagement, sans rien briser, et même un déménagement à la cloche de bois, sans faire de bruit. Que de fois
aussi l'avons-nous vu faire son lit sur le bord du théâtre, dépliant
les draps sur la paillasse qu'il avait d'abord soigneusement remuée,
pour la rendre plus confortable. Mais sa main n'est jamais plus
leste que quand il s'agit d'envoyer des gifles. Elle a alors la
rapidité de l'éclair et elle s'abat, drue comme grêle. Pour envoyer
les coups, Guignol est passé maître; quand ses deux mains ne
suffisent pas, il saisit son bâton. Cette arme, qui ne chôme guère,
est terrible entre ses mains; avec elle il combattrait une armée.
D'ordinaire, il se contente de s'en servir pour rosser sa femme
Madelon, pour lui envoyer, selon son expression, « des volées de
picarlat »ou, comme nous disons, des volées de bois vert. Il faut
qu'elle ait bon dos, cette pauvre Madelon, car les coups résonnent
sur elle avec un bruit qui fait mal à entendre. Madelon est de caractère acariâtre, mais c'est la misère qui l'a aigrie.

Le bâton de Guignol a comme celui de Polichinelle un pouvoir
magique; mais tandis que Polichinelle s'en servait pour obtenir
d'effroyables métamorphoses, pour pétrifier et faire disparaître ceux
qui lui résistaient, Guignol, qui a les mœurs plus douces et l'esprit
toujours porté à la gaîté, ne demande à son bâton que des effets de
comédie. Il s'amuse à immobiliser les gens dans les attitudes les
plus imprévues, un bras en l'air ou le corps plié en deux, il s'amuse
aussi à immobiliser les voleurs quand ils ont la main dans le sac.
Bien mieux, comme à l'aide de sa baguette magique, il peut obtenir
tout ce qu'il veut, il en touche le gendarme, lui ordonne ensuite
de le saluer très bas, toujours plus bas; le fait tourner et virer
comme une simple marionnette qu'il est. Puis il lui ordonne de se
cogner contre les montants de la rampe du théâtre, et le gendarme
de s'y frapper la tête éperdument. Guignol constate alors, triomphant
que grâce à lui tout marche à la baguette.

Par la vertu de son bâton, Guignol dénoue les situations les plus inextricables. On l'attend avec anxiété, quand des complications surgissent, et il se tire toujours si bien à son honneur de cette fonction qu'on ne permettrait pas qu'un autre que lui débrouillât les difficultés.

Sa dextérité et sa prestesse ont permis à Guignol de se tirer d'affaire et de se débrouiller dans le malheur. Car sa profession de canut le laisse souvent dans la misère et il est obligé d'abandonner son métier dans les moments de chômage. Il lui arrive quelquefois de n'avoir rien mangé depuis trois jours. Il dit alors, par manière de plaisanterie, que son ventre est mou comme une poire blette et que son estomac le gargouille comme la fontaine des Trois-Cornets, qui est une fontaine de Lyon.

Domestique, il éprouve bien des déboires et il se plaint : « Que les maîtres sont difficiles à contenter ! Si on leur de-

LE PROPRIÉTAIRE OU LE LONG NEZ
Théâtre de Pierre Rousset.

mande des explications, ils disent qu'on est bête ; si on ne leur en demande pas, ils disent qu'on est étourdi. Je ne sais plus comment les prendre. » D'ailleurs, plein de bon sens, il ajoute : « Après ça, ils ont bien leur peine », et il conclut philosophiquement : « Moi, si j'étais maître, je ne voudrais point de domestiques. »

E.   16

Ses connaissances culinaires ne sont pas très étendues. Son maître lui ayant demandé de faire des œufs à la neige.... chauds, Guignol répond très candidement : « Mais si vous faites chauffer la neige, elle fondra et vous n'aurez plus que du bouillon. »

Une autre fois, son maître lui ordonne d'aller chercher, chez l'épicier, quatre mendiants.

« — Ce n'est pas chez l'épicier qu'il faut aller pour en trouver, réplique Guignol. Il en passe constamment dans la rue.

— On appelle quatre mendiants, lui apprend son maître, les noix, les noisettes, les amandes, les raisins secs. On les appelle mendiants, parce que cela demande à boire.

— Oh ! bien moi, riposte notre cuisinier, je ferai un bon mendiant, parce que je demande souvent aussi à boire. »

Guignol est aussi tour à tour, et suivant les circonstances, gniaf, marchand d'aiguilles, marchand de picarlats, concierge, commissionnaire et dentiste en plein vent : il ne cherche que de petits profits dans d'humbles métiers.

S'il fallait raconter toutes les tribulations et les voyages de Guignol nous n'en finirions jamais. Ses aventures sont aussi fantastiques que celles qui sont rapportées dans les Contes des Mille et une nuits.

En voici une, à titre d'exemple.

Gnafron, savetier de son état et buveur invétéré, a une fille qui est tombée amoureuse d'un écuyer de cirque; cette pauvre enfant a si bien eu la tête tournée par le beau cavalier qu'elle ne pense qu'à lui et qu'en son absence elle s'exerce à faire de la haute école sur les deux chaises bancales de l'échoppe paternelle. Guignol est devenu très triste, Guignol en perd le manger... et presque le boire, car il est fiancé à Mlle Gnafron. Un beau soir, au retour du cabaret, le savetier et le canut trouvent la maison vide : sur la table une lettre de la jeune fille explique que la passion a été la plus forte, qu'elle s'est enrôlée dans la troupe du cirque et qu'elle est partie pour Alger en compagnie de son écuyer. Guignol

Pierre ROUSSET, célèbre marionnettiste lyonnais
présentant Guignol et Gnafron

ne perd pas la tête. C'est un homme de prompte décision. Il entraîne
Gnafron à la poursuite de sa fiancée. A Marseille, tous deux
s'enivrent, peut-être pour
oublier leurs malheurs; ils
se trompent de bateau et
naviguent vers l'Égypte.
Alors commence une série
d'aventures et d'exploits
qui seraient incroyables si
Guignol n'en était le pres-
tigieux héros. C'est d'abord
un voyage le long du Nil que
nos deux compères pour-
suivent tranquillement,
tout en pêchant à la ligne;
c'est ensuite l'arrivée à la
Cour de Ménélik, en Abys-
sinie, où Guignol se dis-
tingue par un trait de courage : il assomme avec
son bâton un crocodile qui
n'allait faire qu'une bou-
chée de l'impératrice. A
cette Cour, ils apprennent,
par des diplomates tou-
jours bien renseignés, que
Melle Gnafron est à Saint-
Pétersbourg. Malgré les
objurgations de Ménélik,
qui voudrait placer à la

LE BAILLY (Théâtre de Pierre Rousset.)

tête de ses armées un héros aussi valeureux, Guignol n'écoute
que son cœur et, chargé de présents, muni d'une lettre de recom-

UNE REPRÉSENTATION SUR LE THÉATRE DE Pierre ROUSSET, A LYON

Le décor réprésente : à gauche, le Gourguillon ; en face le café du *Soleil* ; à droite, la rue Saint-Georges.

Dessin de Chanteau d'après une photographie. Guignol et Gnafron.

mandation pour le tzar, il entraîne Gnafron sur la route de Russie.

Le tzar, qui est sur le point de recevoir le Président de la République française et qui a beaucoup d'admiration pour la France, accueille avec sympathie les deux voyageurs lyonnais. Il charge aussitôt son chef du protocole de faire une enquête dans les ambassades pour découvrir des traces de la fugitive. Entre-temps, Gnafron descend aux caves du Palais, s'extasie devant les rangées infinies de bouteilles et se demande avec angoisse comment il arrivera à goûter de tous ces vins pour en faire une étude comparative. Guignol descend aux cuisines, enseigne à faire des crêpes à la lyonnaise, ce qui déchaîne un tel enthousiasme parmi les cuisiniers, que dans leur ardeur à faire ronfler leurs fourneaux, ils mettent le feu au Palais.

Guignol, après avoir éteint l'incendie sans l'aide de personne, retrouve enfin Melle de Gnafron qui commençait à se lasser de suivre son écuyer. Le tzar, pour honorer ses hôtes, les fait alors reconduire à Lyon.... en sous-marin. Un soir, les badauds qui se promenaient sur les quais du Rhône virent arriver l'étrange bateau, à la proue, brillait une lumière rouge qu'ils prirent pour un phare ; c'était le nez de Gnafron qui suffisait à éclairer la marche du navire à travers la profondeur des eaux.

Ces merveilleuses pérégrinations laissent un si bon souvenir dans l'âme de Guignol qu'il ne rêve plus que voyages. Cette passion nouvelle en fait bien un homme de son temps. On le voit successivement, et toujours en compagnie de son compère Gnafron, dans toutes les parties du monde : en voyageant, il s'instruit, il apprend les bonnes manières, il étudie les littératures étrangères. De retour dans sa bonne ville de Lyon, il étonne ses compatriotes par l'étendue de ses connaissances. Ce Gnafron, compagnon indispensable de Guignol, et souvent son mauvais génie, s'intitule « carreleur de souliers et bijoutier sur le genou ». C'est-à-dire qu'il est cordonnier de son état. Coiffé d'un chapeau tromblon à la mode 1830, soigneusement brossé à rebrousse-poil, il porte un tablier de cuir dont il découpe parfois un morceau quand il n'a rien à se mettre sous la dent : « J'ai là haut un vieux tablier de cuir bien gras, qui ne sert plus, je le couperai en petits morceaux... à la poêle, avec un oignon, deux sous de graisse blanche et bien du vinaigre, ça sera à se lécher les doigts. » La trogne enluminée et la voix éraillée par l'abus du vin, il cherche trop souvent à entraîner Guignol au cabaret.

A Lyon on se souvient de moins en moins que Guignol était canut; il oublie l'argot et l'accent de la Croix-Rousse qui donnaient tant de saveur à son langage ; il s'exprime en un français presque impeccable. Mais il ne renie pas sa petite patrie. Comme un marin revient au port, il ne manque jamais, entre ses escapades, de retourner au berceau de son enfance. Ses compatriotes lui restent reconnaissants de

GNAFRON, AVEC SON CHAPEAU DES DIMANCHES
Théâtre de PIERRE ROUSSET
Dessin de Chanteau, d'après une photographie.

cette fidélité ; encore aujourd'hui ils le fêtent comme un des plus nobles héros de leur cité, et ils viennent de célébrer avec magnificence son centenaire.

Héros d'une cité, c'est bien la gloire, en effet, qui restera à Guignol ; nous avons décerné le titre de héros national à son père Polichinelle, titre bien conquis par une éblouissante carrière. Les prouesses du fils, sans atteindre au même éclat, lui assurent une renommée qui ne s'éteindra pas et dont il a le droit d'être fier.

CHAPITRE VIII

GUILLAUME

Guignol a gardé son théâtre principal dans la ville de Lyon. Mais sa renommée est devenue si grande au dehors qu'il a dû, pour satisfaire ses nombreux publics, établir des succursales. C'est ainsi qu'on trouve des théâtres de Guignol dans presque toutes les villes de France.

A Paris, Guignol a eu un fils, nommé Guillaume. L'histoire ne nous dit pas s'il est né dans le jardin du Luxembourg, dans celui des Tuileries ou sur la promenade des Champs-Élysées. Ce qu'on peut affirmer, étant donné que les seules demeures de Guignol s'élèvent dans ces endroits, c'est que le dernier né de l'illustre famille a eu le plus magnifique des berceaux : celui que forment les jonchées de feuilles à l'automne et les dômes de verdure au printemps.

Il grandit dans la plus complète liberté sans que Guignol, absorbé par les soins de son théâtre, prît jamais soin de son instruction. Il n'alla même pas à l'école primaire et, comme beaucoup de gamins de Paris, il fit lui-même son éducation dans les rues. Il prit ses premières leçons de choses en considérant les devantures des magasins, le nez collé de longues heures aux vitrines. En fait de géographie, il connut à fond le plan de la capitale et ses moindres impasses ; en fait d'histoire, il retint celle qui se déroulait sous ses yeux, étant de toutes

E.

les fêtes, de toutes les réunions publiques ; le premier à acclamer
ou à siffler le personnage en vue.

Le résultat le plus clair de cette existence vagabonde et indépen-
dante fut que Guillaume, véritable Gavroche, se mit à haïr l'autorité
sous toutes ses formes : il fut le plus irrespectueux des fils ; insolent
envers ses patrons, jamais maître, gendarme, commissaire ou juge
ne réussirent à lui en imposer. Il eût mérité mille fois d'entrer dans
une maison de correction si l'indulgence qu'on professe pour les garçons de son âge et de son milieu ne l'eût absout.

Guignol qui commence à vieillir, a mis fin à cette existence
aventureuse, et qui menaçait de mal tourner, en appelant son fils
Guillaume à jouer à ses côtés, sur le théâtre.

Guillaume, par ses défauts comme par ses qualités, est devenu
le grand favori des spectateurs. Dans son visage effronté, ses yeux
polissons brillent tour à tour de malice et de convoitise ; ses joues
pleines et roses sont une preuve irrécusable de sa gourmandise. Il
est toujours vêtu d'un costume d'écolier, — il n'en n'a que le
costume puisqu'il ne va jamais en classe. — C'est une longue blouse,
sorte de sarrau quadrillé, boutonné sur le devant et attaché par une
ceinture de cuir. Vêtement simple, qui convient à merveille à l'exécution de toutes les fredaines qu'il invente. Sur sa tête un petit
polo rouge s'enfonce sur des cheveux noirs.

Il a de sa famille l'esprit moqueur. Comme on dit dans l'argot
parisien, qu'il connaît mieux que la langue française : il rigole de
tout. Toujours ses farces s'exercent aux dépens des naïfs qui ne
savent pas se défendre et dont les figures ébaubies le mettent en joie.

Son plus grand défaut est celui de beaucoup d'enfants : la gourmandise ; c'est le plus souvent pour la satisfaire qu'il imagine toutes
ses supercheries. Il en est d'ailleurs presque toujours puni. L'aventure
suivante nous le prouve.

On lui a confié un pot de confitures à porter. Sitôt seul, il monologue savoureusement devant l'objet :

« — Des confitures à trois cents francs le pot !... ce doit être
exquis.... ça me donne la chair de poule de porter quelque chose
de si bon.... Oh ! je ne veux pas en goûter, j'ai promis, c'est sacré !...

LE GENDARME
(Marionnette de FERRY et ED. FRUIT.)

Mais je peux bien les sentir.... Si j'ai un nez, ce n'est pas pour en
faire un tuyau de poêle.... (Il met le nez sur le pot.) Oh ! qu'elles
sentent bon, qu'elles sentent bon ! elles sentent la violette, la rose,
le jasmin et le jus de saucisse !... Allons....allons.... emportons-les...

(Il prend le pot.) Oh ! cette odeur me prend le nez ; elle me met sens dessus-dessous. Elles doivent être bien jolies...., si je les regardais ! ça n'en ôtera pas, et si on a des yeux, c'est bien pour s'en servir. (Il ôte le papier) Oh ! quelle jolie couleur ! couleur de pomme, couleur de vin.... Elles me donnent dans l'œil ; elles me font comme un rayon de soleil dans un seau d'eau. .... Allons, allons, pas de bêtises, emportons-les. (Il prend le pot.) Tiens ! mon pouce qui y a touché ! mon pouce en a ! si je le léchais... (Il suce son doigt.) Oh ! que c'est bon, que c'est bon ! quel velours sur la gorge ! Allons ! j'y mets les doigts. (Il goûte encore.) Oh ! je n'y tiens plus, je n'y tiens plus. (Il met la tête dans le pot.) Ah ! malheureux, qu'ai-je fait ?... Y en a-t-il encore ? (Il regarde.) Il n'y a plus rien... Ah ! gredin, tu manges pour trois cents francs de confitures ! c'est plus que tu ne vaux... Que faire du pot, à présent ?... Je vais tout de même le porter... On croira que c'est le chat qui les a mangées. »

La punition ne se fait pas attendre, car son père lui apprend que les confitures sont empoisonnées.

« — Empoisonnées... Ah ! je suis mort, s'écrie Guillaume en se laissant tomber à demi évanoui sur le bord du théâtre.

— Comment, mort ? est-ce que tu en aurais mangé ?

— J'en ai goûté une petite miette..., ment affreusement Guillaume... Ah ! papa, ça me brûle !

— Je vais te faire un contre-poison.

— Oh ! papa, faites-m'en faire un plein chaudron !... Que je souffre, que je souffre ! »

A ce péché capital, Guillaume en ajoute beaucoup d'autres qui pour être moins capitaux n'en sont pas moins répréhensibles ; il est menteur et surtout il a cet esprit gouailleur et ricaneur insupportable, qui le porte à faire toujours de l'esprit et à ne vouloir jamais avouer ses torts.

Par contre il a bien des qualités du cœur ; il est serviable et il s'enthousiasme pour les belles causes. Il aime son pays et il n'hé-

site pas, à plusieurs reprises, à s'enrôler comme engagé volontaire
pour servir sous le drapeau français dans les plus lointains pays.
Il est pour notre expansion coloniale. On le voit en Indo-Chine, à

LE JUGE
Marionnette de FERRY et ED. FRUIT.

Pékin, et, tout récemment, au Maroc. Il y déploie toutes les qualités
du soldat français ; la bravoure, la résistance à la fatigue, l'entrain
et la bonne humeur. Ses chansons relèvent les courages.

Il est le titi parisien qui met le régiment en joie ; avec lui on irait

au bout du monde ! on comprend donc la sympathie qu'on a pour
cet enfant joyeux et insouciant, un tantinet larron, effronté, comme
un moineau des rues. Les enfants lui prouvent leur affection en
toutes circontances. Quand Guillaume est embarrassé, quand il cherche
quelqu'un, il n'a qu'à s'adresser à son public et aussitôt, plusieurs
spectateurs, lui crient le renseignement.

Bien plus, on pousse l'amour jusqu'à le défendre même quand il
a tort ; on l'avertit quand le gendarme veut se cacher :

— « Fais attention, Guillaume, le gendarme est derrière la porte !
lui crient ses admirateurs.

Quand le gendarme disparaît, après avoir lié solidement
Guillaume, celui-ci n'a qu'à faire appel à ses petits amis. Ils
accourent aussitôt pour le délivrer de ses cordes. D'ordinaire Guillaume sort triomphant de toutes ces histoires : un jour, le gendarme,
emporté par son ardeur vengeresse, et peut-être moralisatrice après
avoir jeté Guillaume en prison, résolut de le faire guillotiner. La
machine sinistre fut amenée sur la scène, et les enfants frémissants
assistèrent à l'exécution de leur héros favori ; ils ne purent supporter un tel spectacle. Ils protestèrent à grands cris contre un
dénouement aussi lugubre, qui faisait disparaître leur plus gai
compagnon. Il fallut qu'ils obtinssent gain de cause. Devant le
tumulte indigné, le directeur du théâtre fut obligé de céder. Le
rideau se releva, Guillaume apparut brillant de santé aux accla-
mations des spectateurs, et, pour bien prouver sa vitalité, ce fut lui
qui, cette fois, guillotina le gendarme. L'assemblée des enfants délira
d'enthousiasme. Ce jour reste inoubliable dans le souvenir de
Guillaume.

Trop jeune pour faire de la politique, il prend cependant
part à toutes les manifestations de la vie nationale. Il assiste aux
fêtes franco-russes en compagnie de M. Loubet, alors Président de la
République, et des ministres ; au moment de l'entente cordiale avec
les Anglais, il reçoit avec enthousiasme le roi Édouard VII.

D'une curiosité toute moderne il est le premier à expérimenter les découvertes récentes : il tire du radium les effets les plus surprenants, que n'avaient pas prévus leurs inventeurs M. et Mme Curie.

La vertu magique de son bâton est éclypsée par la mystérieuse vertu de la matière nouvelle. Il se sert de la télégraphie sans fil, avec un bonheur, et une adresse qui ne lasse pas d'ébahir le vieux père Guignol, lequel ne comprend rien à ces nouveautés.

A la fin de chaque année, Guillaume passe en revue les actualités; il joue alors le rôle de compère, commentant, avec sa verve ordinaire, les différents événements, s'esclaffant devant les excentricités des modes nouvelles, entonnant les chansons en vogue et battant la mesure avec une remarquable virtuosité.

Enfin, comme tous les jeunes gens d'aujourd'hui, Guillaume est un homme de sport. Il aime à faire le coup de poing et boxe volontiers ses adversaires ; avec son bâton, il s'exerce à faire de la canne, voir même du golf. Intrépide « globe-trotter » nous l'avons vu aller jusqu'au pôle Nord à la suite du valeureux Américain Peary et y planter le drapeau français, après avoir exécuté sur la pointe extrême de la terre le plus endiablé des rigodons.

LE JOUEUR DE VIOLON
Pupazzo de Lemercier de Neuville.

Tout dernièrement il a ajouté à sa vie un chapitre de gloire : il est monté en aéroplane. Dans des ascensions vertigineuses, qui ont fait frémir d'angoisse les spectateurs, on l'a vu battre tous les records. C'est que la tête de Guillaume, qui en a vu bien d'autre, ne craint ni le vertige, ni la chute.

Guillaume aviateur est le digne petit-fils de Polichinelle. Nous retrouvons chez lui le courage téméraire, le goût des grandes aventures, qui sont en même temps les qualités des Français.

Guillaume ne veut pas rester le moins célèbre de sa glorieuse lignée. C'est pour cette raison qu'il vient de s'élancer dans un élan éperdu à la conquête de l'air. Puisse-t-il seulement dans son voyage vers les étoiles rapporter la lune aux petits enfants, ses admirateurs, qui la réclament parfois avec tant d'énergie !

CHAPITRE IX

LES POLICHINELLES PROVINCIAUX

AMIENS

LA FLEUR

Le polichinelle picard, quoique moins célèbre en France est tout aussi aimé dans sa bonne ville d'Amiens, « dans la capitale » comme il l'appelle naïvement, que son glorieux compère Guignol peut l'être à Lyon.

La Fleur est d'ailleurs au physique un joli garçon, bâti comme un chêne, et solide comme une muraille; avec ça, toujours souriant et beau parleur, même et surtout lorsqu'il lance sur le gendarme son redoutable soulier ferré.

Bien que ce soit un paysan, né après la Révolution, l'anachronisme ne l'effraie pas, et il porte imperturbablement le costume du XVIIIe siècle. Un bel habit à jabot sur un gilet blanc à grands ramages. Derrière son chapeau à claque, bordé de rouge se rabote et se dresse, telle une trompette, sa longue queue rouge. Ses bas blancs, toujours immaculés et bien tendus, font ressortir une paire de jambes solides et bien cambrées. Elles se terminent par une paire de larges souliers ferrés, avec lesquels il dénoue les situations les plus critiques. La naissance de La Fleur ne se perd pas dans la nuit des temps. On peut le suivre dans toutes les phases de sa joyeuse existence. Il a à peine quatre-vingt dix ans. Pour un Polichinelle c'est la fleur de l'âge.

Tel le grand Homère, dont dix villes se disputaient l'honneur d'être la patrie, aussitôt après sa naissance, La Fleur s'affirma si gai, si déluré qu'une centaine d'Amiénois se disputèrent l'honneur de l'avoir créé.

Pour ne pas faire de jaloux et mettre tous ces braves gens d'accord, nous accorderons à chacun d'eux d'avoir collaboré à l'éducation de cet intéressant personnage.

Enfant aux cent pères, taillé de bric et de broc, livré à toutes ses fantaisies, on comprend fort bien que le polichinelle picard ait quelques petits défauts. Fripon, rusé, très fin sous son apparent entêtement, il est plein de ressources et, à la police, joue les tours les plus pendables. Cependant, il n'est jamais allé en prison, bien que ses moyens d'arriver dans la vie ne soient pas toujours rigoureusement honnêtes. Les admirateurs de La Fleur ne toléreraient pas qu'il se trouvât déshonoré. Il faut toujours qu'il se sorte d'affaire et il s'en tire toujours grâce à son ingéniosité native. Cependant la plupart de ses fredaines, se terminent par l'intervention des gendarmes. C'est alors qu'il faut le voir employer l'argument irréfutable de son soulier terrible. La jambe tendue, la pointe du pied à la hauteur de l'œil, il s'élance sur les représentants de l'autorité, les frappe au visage, les met en fuite au milieu des applaudissements frénétiques du public victorieux avec lui.

On peut avouer que La Fleur a une personnalité très sympathique malgré ses défauts. D'abord il n'est pas vil. La fierté native du picard est un de ses traits dominants. Laquais, il se dévoue volontiers à son maître. De plus, son cœur sensible le porte toujours à prêter au plus faible l'appui de ses talons ferrés, à partager avec lui un bon repas. Il est d'autant plus méritoire en ce cas qu'il est doué d'un appétit féroce et que rien ne saurait le rassasier. Boire

LAFLEUR
POLICHINELLE PICARD

et manger constituent après les « douilles à tout casser, au gendarme » son occupation favorite.

Un jour, ayant tué sa femme Clémence, oh ! sans mauvaise intention, — d'ailleurs elle n'en n'est pas morte, — La Fleur entre dans une auberge.

« Baillez-moi quelque chose à manger, crie-t-il de tous ses poumons et avec l'accent picard le plus pur ; je suis tellement malheureux que je meurs de faim ! »

Il veut sans doute prouver ainsi qu'un bon estomac n'engendre pas la mélancolie. Du reste il est toujours de belle humeur il a toujours le mot vif, le tour goguenard. Il pétille d'esprit…. d'esprit picard naturellement.

C'est lui qui, en service, chez un petit bourgeois lequel veut se faire passer pour un prince, annonce solennellement à son nouveau maître que le dîner est servi, par ces mots de patois le plus pur :

« Min prance, vos deux soirets i sont cuits » Mon prince, vos deux harengs saurs sont cuits.

En plus de ses exploits de laquais. La Fleur se prodigue dans tous les genres : Vaudeville, drame, opéra-comique il aborde même parfois « la grande-opéra ».

Mais sur la demi-douzaine de théâtres où il s'exerce, théâtres qu'on appelle « Les Cabotins », le grand succès de La Fleur réside toujours dans ses « paysanneries » et dans ses « bouffonneries ».

C'est dans ces rôles, laissés à son improvisation fantaisiste qu'il déploie le mieux les qualités et les défauts du brave picard qu'il reste toujours.

LILLE

JACQUES

Jacques, type du serviteur honnête jouit de l'affection du bon public de Lille qu'il divertit pendant les longs soirs d'hiver.

Les modestes représentations organisées dans des sous-sols, s'annoncent sans faste le dimanche et le lundi.

Un gamin parcourt quelques rues du quartier où elles ont lieu. Au tintement d'une frêle sonnette il annonce « La comédie pour un sou » et excite la population à se hâter ; — « Les premiers rentrés seront les mieux placés ».

« Joseph vendu par ses frères » « Alibaba ou les quarante voleurs » sont les pièces favorites du répertoire. Naturellement Jacques y tient toujours les rôles principaux. C'est à lui que revient toujours l'honneur de châtier le vice et de récompenser la vertu. Il s'en acquitte bruyamment, à coups de bastonnade, entremêlés de lazzi non moins cinglants. Autrefois, ses bons mots gardaient toute la saveur du patois lillois. Aujourd'hui Jacques emploie plus volontiers l'argot parisien.

Il n'en n'est, d'ailleurs, pas moins le héros local de ses petits spectateurs. Aussi est-ce toujours par lui qu'ils veulent entendre annoncer au lever du rideau, le titre de la pièce. C'est lui qui, dans les grands moments de tumulte, réclame le silence que personne ne pourrait obtenir. C'est lui enfin qui augmente la recette en demandant sa part des friandises qui se grignottent dans la salle et qu'on vend à son profit.

Cette petite quête s'opère d'une façon tout à fait charmante.

Ayant ordonné le lever du rideau, notre Jacques s'avance sur la scène en saluant selon l'usage. Après avoir adressé à l'honorable compagnie ses meilleures plaisanteries, dansé sa plus joyeuse polichinelle, il tend sa menotte que la ficelle agite, puis, de sa voix la plus câline, il sollicite des dons en argent ou en nature. Alors c'est à qui lui jettera quelque chose. Les plus riches un sou, les moins riches un centime, les autres une pomme, une orange, un sucre d'orge. Ainsi ce que chacun possède est donné de si bon cœur que la main qui reçoit n'est pas plus joyeuse que la main qui donne et que tout le monde est content.

CHAPITRE X

LES POLICHINELLES ÉTRANGERS

ANGLETERRE

PUNCH

Punch, dont le nom serait une sorte d'abréviation de Pulcinello ou de Punchinello, naquit en Angleterre à l'avènement de la Maison d'Orange, en 1688. Il est le fils de ce fameux et si longtemps célèbre Old-Vice qui personnifia, au xv° siècle, dans les anciennes moralités anglaises, le vice sous toutes les formes.

M. PUNCH, PAR G. CRUIKSHANK
(Extrait de *Punch and Judy*.)

Old-Vice étant mort de sa belle mort, personne ne pensait qu'il pût jamais ressusciter; aussi, l'apparition de Punch fut-elle un événement considérable chez nos voisins les Anglais. Les commencements de ses succès datent du règne de la reine Anne, vers 1703 et vont s'accentuant sous Georges Ier et Georges II.

En 1711, il a son théâtre sous les galeries de Covent-Garden. Mais, à l'instar de son confrère le Polichinelle parisien, il parcourt lui aussi les foires pour le divertissement des grands et des petits. Il joue des opéras, comme « l'Antique création du monde » ou comme « Le déluge de Noé » il excelle dans les « drollery » qui signifie farce.

LA FOIRE DE SOUTH-WARK, PAR W. HOGARTH, 1733.

William Hogarth, le grand artiste anglais, dans une de ces admirables estampes, nous montre toutes les merveilles qui se pouvaient voir à la foire de South-Wark, en 1733. On y remarqué un joueur de musette qui, accompagné d'un singe bizarrement accoutré, fait danser deux poupées avec le pied ; puis deux toiles peintes servant d'enseigne et représentant : l'une Adam, Ève et le serpent, c'est le paradis perdu, l'autre Polichinelle à cheval, sa bête

PUNCH

POLICHINELLE ANGLAIS

bien dressée, vidant les poches d'Arlequin. Sur un *puppet show* les mots de « Punch's Opéra » attire la foule.

Sur les affiches anglaises qui rappelaient par leurs formes les annonces de nos foires, Punch apparait toujours à la place d'honneur en compagnie de sir John Spendall ou Jean-Mange-Tout.

Pendant la foire de Saint-Barthélemy, au milieu des pantins qui exécutaient les fameuses gigues nationales, le seigneur Punch amusait les spectateurs de ses joyeuses facéties. Avec ses deux bosses encore plus proéminentes que celles de notre Polichinelle, son nez outrageusement camard, son menton avancé et son bonnet qui rappelle la coiffure du fou, Punch a une physionomie d'une omique achevé.

Ainsi, dans un opéra « Le Déluge », il était d'une fantaisie irrésistible. Comme la pluie ne cessait de tomber à torrent, notre héros, sans doute pour se dégourdir les jambes et montrer qu'il a le pied marin, se mit à danser la gigue dans l'arche avec sa femme. De temps en temps il lançait à Noé sur son ton le plus flegmatique : « Il tombe un peu de brouillard, maître Noé. » Cette phrase ne manquait pas de mettre en joie l'assistance. On admirait l'intrépidité dont il faisait preuve devant un cataclysme universel. Punch, avait le sang-froid d'un marin anglais, hourrah ! Son flegme britannique ne le quittait pas plus que son bâton; aussi sa popularité se répandit-elle dans toute l'Anglererre. A cette époque, c'était un garçon jovial et bruyant. Sorte de petit roi d'Yvetot ou de Cocagne, il ne ressemblait guère au personnage immoral qu'il est devenu plus tard. Très hâbleur, il faisait beaucoup plus de tapage que de mal, c'est à peine si on avait à lui reprocher quelques petites indélicatesses. Peccadilles sans importance et tout à fait excusables chez un polichinelle dont le rôle n'est point d'enseigner la vertu aux hommes mais, au contraire, de ridiculiser leurs travers.

Vers le milieu du XVIIIe siècle Punch, enhardi par le succès, grisé par les bravos de ses admirateurs, devient ce qu'il est resté usqu'à présent le digne successeur de Old-Vice. Prenant tour à tour

PUNCH AND JUDY

PETIT THÉÂTRE D'ENFANT. IMAGERIE ANGLAISE

pour exemple la conduite du sanguinaire Henri VIII ou du monstrueux
Barbe-bleue, qui faisaient mourir leurs femmes, il tue tout ce qui
l'entoure et le gêne. Son enfant dont les cris l'importune, sa femme
Judith, les parents de sa femme qui viennent lui demander leur fille.
Il tue les gendarmes qui veulent le prendre et le bourreau qui veut
le pendre. Il tue même la mort.

Entre ses divers exercices, il a le goût des voyages, comme
un véritable anglais, et parcourt l'Europe laissant partout des
victimes.

Voici la ballade populaire où se trouve narrée la vie de ce héros
du crime. Elle s'intitule « Les Fredaines de M. Punch ».

« M. Punch avait une femme et un enfant, tous deux d'une beauté
» sans égale. M. Punch n'était pas aussi beau, il avait un nez d'élé-
» phant, sur son dos s'élevait un cône qui atteignait la hauteur de
» sa tête ; mais cela n'empêchait pas qu'il n'eut la voix aussi
» séduisante qu'une sirène. Par cette voix superbe, il séduisit Judith,
» cette belle jeune fille.

» Right tol de rol lol.

» Mais il était aussi cruel qu'un turc, et comme les turcs, il
» voulait avoir de droit d'épouser plusieurs femmes. Seulement, la
» loi anglaise le lui défendait. Alors, un jour que Judith lui
» reprochait ses défauts, le scélérat, d'un revers de bâton fendit bel
» et bien la tête de sa femme pour en avoir une autre.

» Right tol de rol tol.

» Puis le monstre saisit son tendre héritier et ce père dénaturé le
» lança par la fenêtre d'un second étage. Il ne se souciait pas plus de
» son enfant que d'une prise de macouba. Les parents de sa femme
» vinrent à la ville pour lui demander compte de ses crimes. Il prit
» son bâton pour les recevoir et leur servit la même sauce qu'à
» sa femme. Il osait dire que la loi n'était pas sa loi et que si la
» justice mettait sur lui sa griffe, il saurait lui apprendre à vivre.

» Right tol de rol tol.

PUNCH AND JUDY

PETIT THÉATRE D'ENFANT, IMAGERIE ANGLAISE

» Alors, il se mit à voyager dans tous les pays. Il alla en
» Espagne, en Italie, en France, en Allemagne. Mais il n'alla pas au
» delà de ce dernier pays. Dans tous ces voyages, il ne se fit aucun
» scrupule de jouer avec la vie des hommes. On frémit rien qu'à

PUNCH AND JUDY
Image anglaise publiée par Frederick WARNE.

» penser à l'horrible trainée de sang qu'il a versé par système. Quoi-
» qu'il eut une bosse sur le dos, il était si séduisant qu'il trouvait
» toujours de nouvelles fiancées pour l'épouser. Partout où il allait, il
» avait du succès, car il avait conclu un pacte mystérieux.

» Right tol de rol tol.

» Finalement il revint en Angleterre. Dès qu'il eut touché Douvres,

TITRE DU JOURNAL « PUNCH », DE LONDRES.

» il se pourvut d'un nouveau nom, car il en avait plusieurs de
» rechange. De son côté la police prit de promptes mesures pour le
» mettre en prison. On l'arrêta au moment où il pouvait le moins
» prévoir un pareil sort.

» Right tol de rol tol.

» Cependant le jour approchait, le jour où il devait solder ses
» comptes. Quand le jugement fut prononcé, il ne lui vint que des
» pensées de ruses en songeant à l'exécution. Lorsque le bourreau au
» front sinistre lui annonça que tout était prêt, prétextant qu'il ne sa-
» vait pas comment se
» servir de la corde qui
» pendait de la potence,
» il passa la tête du
» bourreau dans le
» nœud coulant et en re-
» tira la sienne sauve.
» Enfin la mort vint ré-
» clamer sa dette. Mais
» Punch lui demanda
» ce qu'elle voulait
» dire. Elle le prenait

UNE REPRÉSENTATION SUR LA VOIE PUBLIQUE A LONDRES
par G. CRUISBANK (Extrait de *Punch and Judy*.)

» pour un autre. Et aussitôt la mort et lui s'attaquèrent avec fureur,
» aussi durement qu'ils le purent. La mort combattait avec sa fourche,
» Punch n'avait que son bâton et cependant il tua la mort. Hourrah!!»

Comme on le voit, Punch assassin a gardé l'imperturbable sang-
froid qui le caractérisait déjà au début de son histoire. Même la
mort ne peut triompher de son flegme cynique et cruel.

Les anglais, qui considèrent le sang-froid comme la plus haute
qualité de l'homme, aiment à le rencontrer dans tous les actes de
leur Polichinelle. Ils admirent beaucoup aussi la persévérance,
l'endurance avec lesquelles Punch poursuit ses projets même les plus
funestes. C'est donc grâce à ses qualités essentiellement nationales
que Punch, malgré ses crimes, jouit en Angleterre de la plus grande
considération. D'ailleurs les Anglais ne toléreraient pas qu'un Polichinelle anglais manquât de persévérance et de sang-froid.

ALLEMAGNE

HANSWURST ou JEAN BOUDIN

Jean Boudin, le Polichinelle allemand qui parut vers les premières années du xvie siècle n'eut, dans son pays, qu'une assez
courte célébrité.

C'était une espèce de Françatripe, farceur de haute graisse
nommé à bon escient Hanswurst c'està-dire Jean Boudin. Ses traits principaux étaient la balourdise et la gloutonnerie. A l'encontre d'Arlequin qui
reste svelte et léger malgré sa voracité, la gloutonnerie de Jean Boudin
lui profite et l'engraisse. Il joua dans
les principales villes de l'Allemagne,
tenant le rôle de bouffon dans les
pièces de chevalerie, de féerie et de
mythologie qu'on représentait. Ses
bons mots et ses lazzis étaient aussi
épais que sa personne.

JEAN KLAASSEN ou JEAN NICOLAS
d'après une estampe allemande:

Au début du xviie siècle, il alla
exhiber en Hollande ses farces et
son esprit lourdauds. Mais là aussi son étoile pâlit. Il fut supplanté
par Jean-Hareng-Salé qui dut lui-même céder sa place à Jean Nicolas,
un polichinelle qui ressemble au nôtre.

En Allemagne, l'immense vogue dont jouissait Jean Boudin
autrefois s'est reportée sur Casperl.

E.

20

CASPERL ou HANSWURST
d'après une image populaire de Munich. — *Dessin de Chanteau.*

CASPERL
POLICHINELLE AUTRICHIEN

AUTRICHE

CASPERL

Casperl est un madré paysan autrichien dont le costume rappelle celui de Punch, avec des bosses moins proéminentes. C'est un bouffon naïf dont les lazzis ne gardent quelque saveur que dans la langue qui lui est propre et dont les facéties ne sont que grossières. Il joua dans la « Prodigieuse et lamentable histoire du docteur Faust » ou il eût l'honneur d'être applaudi par Goëthe. Quelques-uns prétendent que c'est dans cette pièce, que Goëthe trouva les matériaux dont il devait se servir pour construire son immortel chef-d'œuvre : Faust.

Cette pièce avait comme personnages : Méphistophélès, Faust, le grand nécromancier et un nommé Christophe Wagner, le familier de Faust. Casperl y tenait un rôle de bouffon et avait pour femme Marguerite ou plutôt Grefl.

A un moment, Christophe Wagner s'adresse à Casperl et le questionne sur sa famille. Il a cru comprendre que son père exerçait le métier de tailleur.

— Coupait-il des pelisses? lui demande-t-il.

— Non, répond Casperl.

— Des chaussures?

THÉÂTRE DE CASPERL

IMAGE ALLEMANDE POUR ENFANTS, AVEC PERSONNAGES MOBILES.

— Pas davantage. C'était un homme, vois-tu, qui, lorsqu'il allait sur le marché et ne trouvait pas à râfler autre chose, se contentait d'une paire de mouchoirs.

CASPERL RECEVANT QUIRLEWATSCH, AMBASSADEUR DU ROI MORE BUNNUELBREC I.
(Extrait de *Kasperslustige streiche*, édité à Francfort.)

— J'entends, il coupait des bourses, et ta mère ?

— Ma mère est morte à l'aide de dix fagots de bois vert.

— Je ne comprends pas.

— Voilà, les gens ont prétendu qu'elle était sorcière, alors on a fait une belle pile de bois sur laquelle on l'a attachée, on a mis le feu dessous et puis ça a été un tapage de fifres et de tambours.

— C'est inouï. Et ton frère?

— Mon frère est un drôle de corps, lorsqu'il conduit deux chevaux à la foire, il revient le soir avec quatre.

— De mieux en mieux. Et ta sœur?

— Ma sœur est à la ville, elle repasse des manchettes.

BELGIQUE

WOLTJE

Woltje, le nom du Polichinelle de Bruxelles signifie « petit Wallon »; le Wallon étant reconnu pour avoir plus d'humour, plus d'esprit que le Bruxellois. Aussi Woltje est-il le personnage le plus spirituel du théâtre populaire. Dans chaque pièce, on voit apparaître sa personne chétive pourvue de bras immenses. Son costume, son allure, l'étoile qui orne ou qui n'orne pas sa boutonnière, suivant son humeur, sont toujours immuables. Qu'il donne la réplique à des guerriers moyenageux, à des courtisans de Louis XV ou à des bourgeois modernes, Woltje ne se soucie pas de faire de l'anachronisme. Il suffit qu'il fasse rire en se moquant des malins et en jouant des tours aux niais.

D'ailleurs, son théâtre en général ne se soucie guère de l'exactitude historique. On peut très bien à certains jours, y entendre Charles Quint raconter la bataille de Waterloo à Geneviève de Brabant.

Le petit Woltje qui joue dans les *Pœsjenelle Kelder*, c'est-à-dire dans les caves à polichinelles n'en n'est pas moins un charmant garçon. Il joint aux qualités de son esprit, lequel n'est jamais méchant, des qualités de cœur tout à fait charmantes. Il est le miroir fidèle de ceux qui vont l'écouter et l'applaudir. Aussi est-il

WOLTJE

POLICHINELLE BELGE

très aimé, ce Woltje. La salle entière est avec lui lorsqu'il bafoue les malfaiteurs ou lorsqu'il raille, avec des mots naïfs, les êtres pervers et hypocrites. C'est lui qui raconte au peuple, en les commentant, les événements qui se sont passés dans la ville et personne ne sait avec plus d'à-propos et de sentiment louer ceux qui ont mérité la reconnaissance et l'admiration de leurs contemporains.

TURQUIE

KARAGUEUZ

Karagueuz, le polichinelle turc est un être répugnant et féroce. Il caractérise ce qu'il y a à Constantinople de plus grossier, de plus cynique, de plus immonde.

Karagueuz, qui signifie « l'homme aux yeux noirs » serait contemporain des croisades. Pour la noblesse d'un polichinelle oriental cette origine remonte suffisamment haut. Il serait la caricature d'un vizir de Saladin, célèbre par ses débordements et ses vices, et qui vivait à cette époque.

Son visage, toujours vu de profil, offre la caricature assez réussie du type turc. Son nez, en bec de perroquet, se recourbe sur sa barbe noire courte et frisée que projette fort en avant son menton en galoche. Au-dessus de son œil, qui devrait être de profil mais qu'on voit de face,

PERSAN A CHEVAL
Théâtre de Karagueuz.

s'allonge, comme une raie d'encre de Chine, son épais sourcil. Toute sa physionomie accuse l'astuce, l'impudence au service des instincts les plus brutaux. Impossible de trouver dans son regard autre chose que la plus épaisse, la plus stupide bestialité. Ce grotesque ottoman, dont le moral est aussi hideux que le physique est vêtu de larges pantalons, d'un gilet aux couleurs bigarrées et d'une courte veste. Son crâne rasé est couvert d'un turban à l'ancienne mode qu'il retire à chaque instant. Geste éminemment risible chez un turc et qui ne manque jamais son effet.

L'écrivain Gérard de Nerval qui a vu jouer Karagueuz nous donne dans son « Voyage en Orient » la description d'une de ces représentations qui est fort intéressante :

« Quand la salle fut suffisamment garnie, un orchestre placé dans une haute galerie fit entendre une sorte d'ouverture. Pendant ce temps, un des coins de la salle s'éclaira d'une façon inattendue. Une gaze transparente, entièrement blanche, encadrée d'ornement en festons désigna le lieu où devait apparaître Karagueuz. Les lumières qui éclairaient la salle s'éteignirent et un cri joyeux retentit de tous côtés. Puis l'orchestre se tut et il régna un grand silence. On entendit derrière la toile un retentissement semblable à celui de morceaux de bois qu'on secouerait dans un sac. C'était Karagueuz et les autres pantins qui s'annonçaient selon l'usage pour la plus grande joie des enfants.

BAIGNEUR DE BAIN TURC
Théâtre de Karagueuz.

HANOUM
Femme turque ; tenue de ville.
Théâtre de Karagueuz.

KARAGUEUZ.
POLICHINELLE TURC

Aussitôt un spectateur, un compère sans doute, se mit à crier à l'acteur chargé de faire parler Karagueuz :

— Que nous donneras-tu aujourd'hui ?

A quoi celui-ci répond :

— Cela est écrit au-dessus de la porte pour ceux qui savent lire :

— Mais j'ai oublié ce qui m'a été appris par le hodja, (le religieux qui instruit les enfants dans les mosquées).

— Eh bien ! il s'agit ce soir de l'illustre Karagueuz, victime de ses passions.

— Comment seras-tu à la hauteur de ta tâche ?

— En comptant sur l'intelligence des gens de goût et en implorant Mahomet.

— Tu parles bien, reste à savoir si cela continuera.

Sois tranquille répond la voix qui part de la coulisse, tu seras content.

BARBIER PUBLIC
Théâtre de Karagueuz.

Alors l'orchestre joue et l'on voit apparaître une place de Constantinople avec une fontaine et des maisons sur le devant. Ensuite passent successivement un chien, (on sait que Constantinople est la ville des chiens) un porteur d'eau et d'autres personnages. Puis on voit sortir d'une maison un turc suivi d'un esclave qui porte un sac de voyage. Ce turc va frapper à la porte d'une autre maison, et Karagueuz apparaît à une fenêtre. A sa vue un cri d'enthousiasme résonne dans tout l'auditoire. Il y a beaucoup d'enfants

JOUEUR DE TAMBOURIN
Théâtre de Karagueuz.

et surtout de petites filles gracieuses et charmantes. De leurs
beaux yeux étonnés et ravis, épanouis comme des fleurs noires,
elles regardent Karagueuz se livrant à ses excentricités stupides et grossières à travers les bazars,
les marchés d'esclaves, les cafés. Partout sa féro-
cité fait des victimes. Le cynique déclare effrontément que chacun est sur la terre pour s'y amuser
à sa guise. Il traîne dans la boue tout ce qui, en
Europe, est principe de morale, d'autorité. Son
seul but est d'exciter les passions les plus viles,
de corrompre tous ceux qui l'approchent. Sa remarquable perspicacité lui fait d'ailleurs découvrir
immédiatement les vices de celui qu'il veut berner
ou corrompre. »

FRANC
Théâtre de Karagueuz.

On ne voit pas comment de pareils actes
peuvent intéresser de jeunes spectateurs. Combien ce forban diffère
de notre brave Polichinelle. Il nous montre à quel degré de bar-
barie sont encore plongés des millions d'êtres dans
l'empire le plus civilisé de l'Orient.

Autour de Karagueuz évoluent quelques personnages secondaires.

D'abord Hadjiyvat, son frère d'armes, digne
Pylade de cet Oreste. Il a voyagé dans tous les pays,
la science n'a aucun secret pour lui, surtout la
science du cœur humain. C'est à lui que Karagueuz
a recours lorsqu'une de ses affaires prend une
mauvaise tournure. Insinuant et faux, il sait toujours esquiver les punitions qu'il mérite. Il n'est
jamais rossé que par son ami Karagueuz.

HADJIYVAT
Théâtre de Karagueuz.

Il y a encore Moustapha, vieillard grotesque
toujours battu et content qu'on peut comparer au Cassandre de
la comédie italienne.

Puis le Zeïbeck ou Bachi Bozouk qui veut dire « tête fêlée. »
C'est le croquemitaine turc. Il jure comme quarante sapeurs et
n'aime qu'à couper des têtes. Brusque et plein de franchise il a en
haine les vices de Karagueuz et de son compagnon. Il apparaît
toujours à la fin du spectacle pour tuer les mécréants.

BEY
Théâtre de Karagueuz.

Enfin, dans les pièces de Karagueuz on voit aussi apparaître sa
femme « Hanoum, » le baigneur des bains turcs, le Franc c'est-à-
dire le Français, le Persan, l'Albanais, le Bey. Le principal rôle de
ces personnages consiste à être plus ou moins les dupes de
Karagueuz.

LES MARIONNETTES CHINOISES

La Chine possède, elle aussi, des joueurs de marionnettes qui vont de ville en ville montrant la comédie aux nombreux enfants de l'Empire du Milieu. Car l'art du théâtre a été, de tout temps, très en honneur en Chine, théâtre moralisateur et porté à un haut point de perfection.

Le castellet des montreurs ambulants est encore plus simple que ne l'était, au siècle dernier, celui du petit Italien. Le marionnettiste chinois, monté sur une estrade, est couvert jusqu'aux épaules d'une indienne bleue.

Cette toile, qui se serre aux chevilles et va s'élargissant, fait ressembler le montreur à une statue enfermée dans une gaine. Sur ses épaules, est posée une boîte ouverte qui s'élève au-dessus de sa tête, en forme de petit théâtre. La main du

UN MONTREUR DE MARIONNETTES
D'après une image populaire imprimée
à Shanghaï.

joueur, cachée sous les vêtements du pantin, présente les personnages au public et les fait mouvoir à son gré. La représentation terminée,

E.   22

la troupe et le fourreau d'indienne disparaissent dans la boîte que l'on ferme et le tout s'emporte facilement sous le bras.

Les Chinois ont aussi de petits théâtres mécaniques. Le mécanisme est enfermé dans une boîte, sur laquelle s'agitent les poupées pein-

THÉÂTRE MÉCANIQUE CHINOIS
(Extrait du *Magasin pittoresque*, 1847.)

turlurées et vêtues de soie magnifique ; ces pantins paraissent agir spontanément, tandis qu'ils sont mis en mouvement par un opérateur au moyen de fils horizontaux.

L'Anglais Barrow nous a fait le récit d'un spectacle donné pour la célébration de l'anniversaire de la naissance de l'empereur de Chine.

« Nous eûmes le spectacle d'un jeu de marionnettes chinoises qui diffèrent peu des nôtres. Elles représentèrent d'abord une princesse infortunée, renfermée dans un château, et un chevalier errant qui combattait des bêtes féroces et des dragons épouvantables, délivrait la princesse et était récompensé par le don de sa main. On célébrait leur mariage par des joutes, des tournois et des divertissements.

» Après cette espèce de féerie, il y eut une pièce comique dans laquelle quelques personnages assez semblables à Polichinelle, à Mme Gigogne et à Scaramouche, jouaient les principaux rôles. Ce jeu de marionnettes appartenait, nous dit-on, aux appartements des femmes de l'empereur ; mais on nous l'avait envoyé comme une faveur particulière pour nous amuser. L'une des pièces qu'il représenta fut extrêmement applaudie par les Chinois qui étaient avec nous et je sus que c'était une de celles qu'on aimait le mieux à la Cour. »

LES MARIONNETTES JAVANAISES

Les marionnettes javanaises portent le nom de *wayang*. Elles représentent des personnages de formes bizarres et hors nature, aux

MARIONNETTE JAVANAISE
Collection de M. Gaston Calmann-Lévy.

visages de bois peints et dorés, découpés et dentelés avec un art infini, mis en mouvement par de petites tiges de corne. La tradition affirme que les premiers *wayang* furent ainsi défigurés par l'un des apôtres mahométans. Il fallait en effet que l'antique amusement fût rendu compatible avec les préceptes de l'islamisme, qui, comme on sait, défend toute représentation du visage humain.

Les *dalang*, — ainsi s'appellent les montreurs de marionnettes javanaises, — sont l'objet du respect et de la considération des habitants. Improvisateurs et poètes, leurs paroles s'accompagnent de la musique du *gamelan*, qui varie ses expressions suivant la nature de l'action. Ils choisissent leurs sujets dans les premiers temps de l'histoire de Java.

Les représentations ont lieu la nuit, au milieu des grandes clai-
rières.

M. Delvau, qui a eu la bonne fortune d'y assister, en a fait ainsi
la description : « Le théâtre était éclairé par trois lampions d'huile de
coco dans lesquels brûlaient, en guise de mèches, des tiges de

MARIONNETTES JAVANAISES
Wayang ou ombres théâtrales, Wara Sumbadra, Arjuna, Bitara Rama, Bitara Guru
(Extrait du Voyage de *Raffles et Crawfurd*.)

phormium. Le *dalang* était assis sur un tabouret de bambou, le bas
du corps caché par un *saroug* tendu devant lui et le haut du buste
découvert.

» Ce *saroug* est attaché au bananier-pissang qu'il a en travers sur
ses genoux, et c'est sur la lisière de ce lambeau d'étoffe qu'il fait
courir ses marionnettes, au nombre de vingt-cinq ou trente. Si son

visage est éloquent, ses mains ne restent pas muettes. On ne saurait déployer plus de dextérité, je l'avoue, dans la mise en action de tous ces personnages lilliputiens; les *wayang* vont, viennent, s'agitent, se démènent, levant les bras, levant les pieds, avec une verve étonnante et, quand ils ont joué leur rôle, au lieu de les faire rentrer dans les coulisses pour recevoir un châle sur leurs épaules ou des félicitations sur leur esprit, comme en reçoivent nos marionnettes en chair et en os, le *dalang* les pique sur un tronc de bananier placé à sa droite ou à sa gauche, où, d'acteurs, ils deviennent spectateurs. »

MARIONNETTE JAVANAISE
Collection de M. Gaston Calmann-Lévy.

De là, ils assistent, sans jalousie, au triomphe des camarades. Que ces modestes artistes javanais pourraient servir d'utile exemple à leurs grands confrères de tous les pays!

TROISIÈME PARTIE

Les coulisses.

LA COMÉDIE DU CHAT
DEVANT LA TOILE, par Jules DAVID, 185o.

(Collection de M. O. Grousset.)

CHAPITRE I

L'ENVERS DU THÉATRE

Nos acteurs sont les vrais modèles :
Chez nous ni souci, ni querelles,
Cabale, envie et cætera
Nous ne connaissons pas cela.

Aucun travail ne nous rebute ;
Jamais de fièvre ou d'enrouement,
Nous ne redoutons qu'une chute,
Car nous nous cassons en tombant.

Le spectacle est fini. Tour à tour, d'âge en âge et de pays en pays, les théâtres nous ont présenté leurs plus émouvantes créations. Le programme a été d'une beauté et d'une richesse infinies. L'humble bateleur du Moyen-Age et le solennel directeur moderne en habit noir ont rivalisé d'adresse pour nous divertir. Les marionnettes ont défilé en cortège somptueux avec leurs costumes brochés d'or ou d'argent; dans les traînes des femmes pareilles à des fées, s'amalgamaient les couleurs des quatre saisons, les verdures du printemps, les splendeurs de l'été, les rousseurs de l'automne et les blancheurs hivernales. Les hommes, Polichinelles, Arlequins ou Pierrots, étaient vêtus de soie comme les princes charmants de la légende. Tour à tour, leurs gracieuses personnes sont venues sur la scène nous apporter leur salut.

Maintenant le rideau est tombé, lourd rideau de velours rouge, inexorable aux appels des spectateurs. Au moment de quitter la salle, tels les enfants qui s'en vont à regret et se retournent pour jeter un dernier regard sur le plaisir enfui, nous nous retournons fascinés par le rideau rouge. Que cache-t-il derrière ses plis mystérieux ? Quel spectacle continue dans ces coulisses où tout le peuple des marionnettes se trouve réuni? Une curiosité nous prend de connaître de plus près ces petits êtres fantasques; nous voulons nous rendre compte de ce qui les fait mouvoir, parler, vivre, en un mot, d'une vie si humaine. Comme l'enfant à qui l'on vient de donner un pantin articulé commence par l'admirer sur toutes ses faces, observe ses gestes, lui fait dire « papa » et « maman », puis, intrigué par l'objet merveilleux le casse, pour trouver le secret de son mécanisme; après avoir admiré nos pantins, nous voulons voir leurs ficelles.

Mais en les forçant à dévoiler leur âme, nous nous garderons bien de briser ces êtres fragiles. Nous n'avons qu'à soulever le rideau. Quel silence ! Sur la scène, maintenant déserte, comme dans les coulisses, nul mouvement, nul bruit; pas la moindre discussion! Que cela nous change des théâtres d'acteurs en chair et en os.

Nous avançons :

Et voici que dans l'ombre nous apercevons des formes étranges ; elles sont immobiles; elles sont même effrayantes. On dirait une réunion de pendus, les bras ballants, les jambes molles. Hélas! ce sont nos marionnettes, si vivantes tout à l'heure! Elles sont maintenant accrochées au bout de leurs fils, plusieurs au même clou. Que ces corps, vidés de leur âme, sont sinistres à voir! Leurs dernières répliques semblent figées sur leurs lèvres. Colombine garde son sourire et le gendarme son regard furibond. A côté de lui, Polichinelle à l'air d'ourdir encore une mauvaise farce, mais serait bien empêché maintenant de faire le moindre mal au représentant de l'ordre. Il embrasse même, sans le vouloir, les cheveux de la mère Gigogne, pendue au même crochet. Car ces braves artistes, une fois dans les coulisses, ne se chamaillent jamais ; ils oublient tous les coups qu'ils se sont donnés devant le public ; ils ne se disputent jamais, ni ne s'attribuent le succès de la pièce, ne s'arrachent pas les beaux rôles. Ce sont des comédiens modèles ; ils seraient le rêve des directeurs de vrais théâtres.

> Les acteurs y sont de niveau,
> Aucun d'eux ne s'en fait accroire :
> Les hommes au porte-manteau
> Et leurs épouses dans l'armoire.
> Isabelle sous les verrous
> Laisse Colombine tranquille,
> Et Polichinele à son clou
> Ne cabale pas contre Gilles.

> Pierrot pendu fait la grimace
> Et, de son œil écarquillé,
> Il contemple une contrebasse
> Auprès du pot qu'il a pillé.

Tous ces visages immobiles, ces yeux fixes finissent par donner le frisson. Car ces êtres vont revivre demain ; ces êtres par conséquent, ne sont pas morts. Certains conservent encore des attitudes et des regards humains, des expressions pathétiques.

On les dirait endormis d'un sommeil cataleptique, fascinés par le regard d'un hypnotiseur, ne vivant plus la vie de ce monde, mais celle d'un autre monde. On les imagine plongés dans une méditation effrayante, roulant dans leurs têtes de bois, derrière leurs yeux fixes, des pensées que nous ne soupçonnons pas, dont nous ne pouvons nous faire une idée.

Cependant, on a beau les remuer, ils sont flasques, et leurs membres soulevés retombent aussitôt lamentablement.

Et demain, ce sera la résurrection. Tous ces spectres, aux allures de pendus, se redresseront. Guignol, d'un bond soudain sautera sur son bâton pour affirmer son existence.

Mais, alors, quel est le secret de leurs mouvements et de leur vie? Et comment trouver le moyen de faire de ces pantins inanimés des êtres de chair et d'os? Qui nous révèlera la manière de les faire danser, parler, crier? Qui nous donnera le pouvoir mystérieux de provoquer, à volonté, la vie et la mort des pantins de bois?

CHAPITRE II

COMMENT ON JOUE AVEC LES MARIONNETTES
A FILS

Les théâtres de marionnettes à fils sont, le plus souvent, beaucoup plus compliqués que les théâtres de marionnettes à mains. Car ici, l'intérêt est beaucoup moins dans les paroles qu'on fait prononcer aux personnages que dans la précision des gestes qu'on leur fait accomplir. Il arrive même que les marionnettes à fils soient des personnages muets, des danseurs ou des acrobates qui n'ont souci de nous charmer que par la grâce de leurs mouvements ou la bizarrerie de leurs tours de force.

Si bien que, tandis qu'avec les marionnettes à mains il suffisait d'avoir une bonne langue et des mains pas trop maladroites, il faut, avec les marionnettes à fils, pousser très loin les études de mécanique, savoir le parti qu'on peut tirer de l'électricité ou des lois dynamiques, et enfin faire accomplir aux doigts une véritable gymnastique d'entraînement afin qu'ils s'assouplissent et soient capables de manier délicatement les innombrables fils qui soutiennent les marionnettes.

Pour avoir une idée des difficultés à vaincre il faut lire ces lignes qu'écrivit le célèbre marionnettiste Thomas Holden, qui avait à cœur de conserver secrets les procédés qu'il avait inventés.

« .... Je ne dévoilerai aucun autre secret de ma profession. Je laisse au spectateur le soin d'en débrouiller les innombrables ficelles ;

et s'il lui prenait fantaisie de me faire concurrence, je l'engagerais à se munir immédiatement des objets suivants et à commencer la besogne :

« Quelques centaines de mètres de toile et une machine Singer pour les coudre; vingt kilogrammes de couleurs variées et pinceaux et brosses, avec des hommes sachant s'en servir, pas mal de bûches pour en faire des fantoches ayant un semblant d'intelligence; cinq cents vieilles roues de montres et de pendules; une centaine de ressorts de montres ; sept kilogrammes de cheveux cent cinquante paires d'yeux artificiels en miniature; un métier à fabriquer les bas de soie; deux petites machines à vapeur; une chaudière, un outillage complet de menuiserie: quelques centaines de kilogrammes de fil de fer de toutes dimensions, pompes, baquets, verres, bouteilles et une foule d'autres accessoires dont la nomenclature tiendrait dix pages de cette brochure; sans parler des costumes, étoffes pour leur confection et des nombreux bras pour fabriquer et maintenir tout cela dans les conditions voulues. »

Voilà des révélations qui n'apprennent pas grand'chose et qui semblent plutôt avoir pour but d'effrayer les futurs montreurs de marionnettes. Thomas Holden redoutait sans doute la concurrence, il prenait des airs mystérieux, évidemment exagérés, et se flattait de faire beaucoup de choses qu'assurément il ne fit jamais. Il est bien certain qu'il ne s'amusait pas à tirer lui-même les bas de soie de ses personnages. D'ailleurs tous les « trucs » de Thomas Holden, dont il faisait tant mystère, sont aujourd'hui connus et avec de l'habileté et de l'habitude les plus modestes exécutants peuvent renouveler ses tours de force.

Il faut remarquer aussi qu'il y a des théâtres de marionnettes à fils aussi simples que les théâtres de marionnettes à main et, à la rigueur, on peut en construire soi-même, à aussi peu de frais. Il s'agit toujours et uniquement de construire une boîte où on ménage une scène. Le seul changement nécessaire, c'est de tendre au-dessus du théâtre une toile, afin de dérober aux yeux des spectateurs, l'opérant qui fait jouer les marionnettes au bout de ses fils. Tandis, en effet, que dans les théâtres de marionnettes à mains, les exécutants se trouvent au-dessous de la scène, dans les théâtres de marion-nettes à fils ils la dominent.

Par suite de cette disposition il est à remarquer qu'il ne peut y avoir de plafond au théâtre puisque c'est par en haut que passent les fils, tandis qu'au contraire un plancher est nécessaire afin que les marionnettes, soutenues par les fils, s'y appuient.

Tels sont les éléments indispensables d'un théâtre de marionnettes à fils. Mais il faut reconnaître qu'avec ces seuls éléments on risquerait de ne pas obtenir beaucoup de succès et que les mouvements qu'on imprimerait aux petits personnages seraient fort grossiers et incapables de produire l'illusion.

Thomas HOLDEN MANŒUVRANT SES FANTOCHES
par Draner.

(Extrait de *Thomas Holden, original, progrès, mystères.*)

Il faut en effet d'abord que l'exécutant soit placé tout à fait à son aise et soit très libre de ses mouvements. Pour cela, on construit d'ordinaire, derrière la toile de fond du théâtre et au-dessus une sorte de pont jeté en travers dans toute la longueur du théâtre, et suffisamment solide pour supporter l'exécutant ou les exécutants.

Ceux-ci alors surplomblent la scène et non seulement ils ont les mains libres, mais encore ils peuvent en se penchant tenir un fil entre leurs dents ou en accrocher un à leur ceinture.

Dans ce système, celui qui dirige la représentation se place au milieu du pont et fait agir les personnages principaux ; à ses côtés des aides tiennent les comparses tandis que d'autres aides ont pour unique mission d'apporter aux exécutants les marionnettes dont ils ont besoin et de les en débarrasser sitôt qu'elles quittent la scène. Tous ces mouvements doivent être réglés minutieusement afin qu'il n'y ait ni faux mouvement, ni heurt, ni retard. Il serait d'un effet désastreux que, par suite d'une distraction de l'opérant, une marionnette restât deux minutes la jambe en l'air sur la scène, ou fît une chute intempestive parce que le fil aurait été lâché par inadvertance.

De même que pour les théâtres de marionnettes à mains, une des principales questions est de tout mettre en proportion : décors et personnages. Cette question a même ici une importance beaucoup plus considérable. A la rigueur, si un détail matériel choque dans un théâtre de marionnettes à mains, cette imperfection est vite compensée par la haute fantaisie des personnages et par leur esprit. Ici, tout le mérite du théâtre réside dans sa perfection matérielle. Il faut que l'illusion se produise simplement par la vue, sans que l'esprit ait besoin d'y suppléer. C'est pourquoi une des plus importantes questions est celle de bien proportionner les décors aux personnages qui se meuvent à l'intérieur. Tout doit être calculé selon la hauteur des acteurs, grandeur des maisons, des fenêtres et des portes, hauteur des arbres, etc.

Si tout est parfaitement combiné, on obtient une illusion que ne produira jamais assurément le théâtre de marionnettes à mains. Dans les premières minutes les petits personnages conservent encore leurs véritables dimensions ; mais, peu à peu, les yeux manquant de points de comparaison, la petitesse des personnages s'oublie,

Tout semble s'agrandir. Le théâtre prend des proportions considérables et au bout de quelques instants, on croit voir agir devant soi des hommes véritables.

Mais si, par maladresse, la main de l'opérant tenant les fils apparaît,

MARIONNETTES DE PRANDI. — LES COULISSES
(Extrait du *Black and White*, 1893.)

elle semble d'abord la main de Gargantua lui-même, une main démesurée et fantastique. Puis, sitôt que l'on comprend la vérité, ce sont les personnages qui reprennent aux yeux leurs dimensions lilliputiennes. Le charme est rompu.

L'un des points sur lesquels l'ingéniosité des marionnettistes s'est le plus exercé, c'est sur le moyen de dérober aux yeux des spectateurs

E.

24

les fils qui soutiennent les marionnettes et détruisent du même coup l'illusion.

On s'est efforcé d'y remédier de plusieurs manières. Et tout d'abord on a pensé qu'il vaudrait beaucoup mieux, au lieu d'avoir des fils apparents aux extrémités de chaque membre, relier tous ces fils derrière le corps de la marionnette et les faire passer dans une mince tige attachée à son dos. Cela demande un mécanisme extrêmement délicat, mais c'est déjà un progrès.

Pour dérober la tige elle-même, on a imaginé de placer devant la scène, dans toute sa largeur, un réseau de fils très fins, très tendus et suffisamment rapprochés les uns des autres pour que la tige soutenant les pantins se confonde avec eux. Le regard est ainsi dérouté et au bout de quelques instants l'illusion se produit.

Au lieu d'installer ce réseau de fils sur le devant de la scène, on peut le disposer sur la toile de fond, ou encore, comme faisait Thomas Holden on peut se servir pour la toile de fond d'une étoffe à côtes, aux longues lignes verticales. A distance, les tringles qui soutiennent les fantoches se confondent avec les lignes de l'étoffe.

Afin de supprimer les fils, on a imaginé un autre système, complètement différent. Il ne s'agit plus de faire agir les marionnettes en les soutenant au bout des fils ; elles sont posées sur le plancher du théâtre et maintenues sur des socles qu'on fait manœuvrer dans des rainures ; tous les fils passent par ce socle et sont reliés à une sorte de clavier où il suffit de poser les doigts pour mettre en mouvement toutes les parties du corps de la marionnette. Ce mécanisme a sur le précédent un très gros avantage : tandis qu'il est extrêmement difficile de donner l'illusion de la marche à des marionnettes suspendues par des fils, à tel point que les marionnettistes les plus habiles y ont renoncé et préfèrent exhiber leurs fantoches dans des danses ou des exercices d'acrobaties, les marionnettes sur socles, glissant dans des rainures, imitent parfaitement la démarche humaine.

Enfin, quelques artistes sont arrivés à combiner les deux systèmes : les marionnettes glissent sur des socles et d'autre part leurs membres sont mis en mouvement au moyen de fils qui les soutiennent d'en haut; on obtient ainsi les tours de force les plus surprenants; le seul inconvénient de cette disposition est de nécessiter beaucoup d'exécutants d'une grande habileté :

Les marionnettes à fils diffèrent de grandeur suivant la dimension des théâtres où on les fait mouvoir. Elles ont ordinairement 48, 52 ou 70 centimètres de hauteur. Quelques-unes sont taillées dans le bois de la tête au pied, mais celles-là sont lourdes et malaisées à manier. Aussi le plus souvent s'est-on décidé, afin de leur donner le plus de mobilité possible, à construire les différentes parties de leurs corps avec des matières diverses. Le buste reste toujours en bois, mais la tête qui a besoin d'être plus légère est ordinairement en carton, tandis que les bras et les jambes qui ont besoin d'être

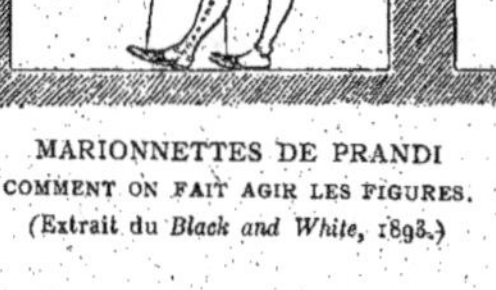

MARIONNETTES DE PRANDI
COMMENT ON FAIT AGIR LES FIGURES.
(Extrait du *Black and White*, 1893.)

très souples sont en cordes; les extrémités sont garnies de plomb ce qui leur permet d'obéir à la moindre impulsion du fil d'une manière précise et nette.

Ces marionnettes à fils sont parfois de véritables bijoux; ce sont des artistes qui les sculptent avec grand soin et qui apportent dans leur mécanisme une ingéniosité infinie. C'est ainsi que certaines ont des mâchoires mobiles, dont la partie inférieure est alourdie par un grain de plomb, et, par suite, a toujours tendance à retomber mais est maintenue par un fil. Grâce à ce mécanisme, l'exécutant peut faire ouvrir ou fermer la bouche au petit personnage et donner la parfaite illusion qu'il parle ou chante. Mais on peut aussi se douter de la délicatesse d'un tel mécanisme et de la dextérité prodigieuse nécessaire à l'exécutant, qui doit imprimer un mouvement léger pour la prononciation de chaque syllabe. Seuls des exécutants de profession peuvent parvenir à ce degré d'habileté.

Les yeux aussi peuvent être mobiles, s'ouvrir et se refermer suivant l'inclinaison de la tête.

Perfectionnées ou grossières, les marionnettes à fils sont soutenues par une tringle qui est accrochée à leur tête et qui mesure environ cinquante centimètres. Tandis que les fils font mouvoir les différentes parties du corps du pantin, la tringle a pour but de soutenir l'ensemble du corps et d'alléger le travail des fils. A son extrémité supérieure la tringle est munie d'un crochet qui permet de suspendre la marionnette à une barre horizontale et de la saisir facilement sitôt qu'on en a besoin.

Tel est le type le plus répandu de marionnette, mais il en existe une infinité d'autres très ingénieuses ou très compliquées qu'il faut renoncer à décrire.

Les marionnettes à fils sont d'un maniement très délicat et journellement il leur arrive des accidents ; tantôt c'est un bras qui se démanche, tantôt un pied qui ne va guère et l'autre qui ne va plus, comme dans la chanson. Le célèbre Thomas Holden avait l'habitude, sa journée finie, de nomenclaturer sur un carnet tous les désastres survenus. C'est ainsi qu'on lit sur une page de son carnet les annotations suivantes :

> Enseigne du barbier cassée.
> Clouer la perruque de Cassandre.
> Faire une queue neuve au taureau.

Chien à rempailler.

Laver les chaussettes du clown.

Faire un nez au gendarme.

Un bon marionnettiste doit être à la fois un couturier, un blanchisseur, un menuisier, un chirurgien, un vétérinaire et bien d'autres choses encore.

MARIONNETTES DE PRANDI

UN COIN DANS LA CHAMBRE VERTE.

(Extrait du *Black and White*, 1893.)

Car construire des marionnettes ou les réparer n'est rien encore auprès de la difficulté qu'on éprouve à les faire vivre humainement sur la scène.

Thomas Holden nous a donné une idée de son travail.

« ... Ma besogne derrière la toile n'est pas une sinécure, tant s'en faut ; et pour mettre tous ces petits bonshommes en mouvement, j'ai souvent mouillé plus d'une chemise. Passer de la machine hydraulique à la pile électrique, et de l'appareil pneumatique au magnétisme, on arrive souvent au rhumatisme, surtout dans certains théâtres où les courants d'air semblent avoir élu domicile; tout cela ne constitue pas tout à fait une besogne des plus agréables. Sans compter les poids à soulever, les fils à tirer, tantôt debout, tantôt à genoux, le plus souvent couché à plat ventre dans des positions souvent périlleuses, mais toujours fort incommodes, tantôt suspendu par un pied ou accroché par un bras à une barre de fer allant de droite à gauche, de haut en bas, chantant, parlant, criant selon le besoin du moment, n'ayant pas même le temps de respirer, changeant le timbre de ma voix selon le personnage présenté au public et toujours transpirant comme dans un bain russe, voilà un des secrets les plus importants de ma profession. »

Il faut dire, il est vrai que Thomas Holden voulait être seul dans le maniement de ses fantoches et n'aimait pas qu'on l'aidât. Le plus souvent il est nécessaire au marionnettiste d'avoir près de lui plusieurs personnes qui le secondent.

C'est ce que faisait le célèbre Prandi. Il se plaçait au milieu du pont que nous avons décrit, et tenant d'une main la tringle, il faisait de l'autre main mouvoir délicatement les différents fils. Il lui arrivait, se penchant légèrement au-dessus du pont, de tenir un fil entre ses dents et de remuer la tête, pour donner plus de vie à ses personnages. Il parvenait de cette manière à leur faire exécuter les « pas de quatre » les plus gracieux.

A côté de Prandi se tiennent un ou deux aides qui lui passent, à mesure qu'il en a besoin, les marionnettes ; celles-ci sont disposées en rang serré, à portée de la main, suspendues à des rails. La représentation ressemble en somme beaucoup à une sorte de procession, l'exécutant saisissant à sa droite une marionnette, lui fait exécuter une pirouette ou un autre tour, puis la fait disparaître à gauche en la donnant à un autre aide prêt à la recevoir, et à la suspendre de nouveau.

Afin d'obtenir des danses d'ensemble on a eu recours a un artifice ingénieux. On a disposé en brochette, sur une même tige de fer horizontale plusieurs danseuses ; un seul fil sert à les faire mouvoir ; de cette manière, elles lèvent leurs jambes en cadence, se transportent d'un point à un autre, disparaissent et reparaissent, font des entrechats avec un ensemble qui paraît prodigieux pour les spectateurs.

Parmi les autres artifices, on peut signaler le système de Dicksonn qui consiste à suspendre la marionnette au corps du marionnettiste au moyen d'un appareil, et à lui permettre ainsi d'avoir les deux mains libres. « L'appareil, selon la description de M. Maindrar, très simple se compose d'un dos de cuirasse fixée avec des bretelles ; à ce dos de cuirasse qui ne gêne aucun mouvement, une longue tige de fer, portant à sa base une vis d'arrêt permettant son élévation ou son abaissement, est adaptée ; elle se recourbe au-dessus de la tête de l'opérateur, avance de trente-cinq à quarante centimètres et se termine par un crochet à mouvement fou. C'est à ce crochet que se fixe,

APPAREIL DE DICKSONN
pour la manœuvre de ses marionnettes.

par un piton, la tringle horizontale qui porte, munie de tous ses fils, la marionnette ainsi suspendue dans l'espace, sous les yeux même de celui qui la fait agir…

« …. Deux fils A servent à suspendre le fantoche par les épaules, ce sont les principaux, ceux qui supportent tout le poids ; aussi demandent-ils à être souvent vérifiés. Deux autres fils B, fixés aux oreilles suspendent la tête et se terminent en haut par deux caoucthoucs qui sont reliés par une barre en fil de fer, ce qui permet, en appuyant dessus, d'obtenir par l'élasticité un abaissement des deux fils et, en même temps, de faire incliner la tête et dire « oui ». En appuyant sur la tringle plus fort d'un côté que de l'autre, on obtient une inclinaison de tête, et en faisant obliquer la tringle pour la mettre presque en travers, on obtient le « non ».

Il suffit donc d'un simple mouvement des doigts pour avoir trois fonctions distinctes.

Au bas du dos de la marionnette, au-dessous de l'articulation de la taille, se trouve fixé un fil C; en tenant ce fil à la main à une hauteur invariable et en baissant un peu son corps, l'opérateur obtient un ploiement de la partie supérieure de l'automate qui rend des salutations. Une seule main étant occupée, l'autre peut conduire un mouvement de jambe et de bras, en saisissant ensemble les deux fils EF.

Le fil D actionne la bouche et se fixe après la barre qui relie les caoutchoucs, pour éviter l'encombrement en haut.

Les fils E se trouvent fixés aux jambes et les fils F aux bras.

Pour éviter toute confusion dans ces fils, la tringle de suspension est peinte de couleur différente, le rouge correspondant aux jambes, le bleu aux bras, le blanc à la tête, etc...

D'autres fils supplémentaires peuvent être ajoutés au gré de l'opérateur pour des fonctions diverses. Un seul fil partant de la tringle de suspension peut également se diviser en plusieurs fils fixés à différentes parties de la marionnette et donner par un seul tirage plusieurs effets.

Aux mains de Dicksonn ces marionnettes sont vraiment curieuses, il n'y a point de mouvement qu'il ne puisse leur faire exécuter.

Elles sont construites de pièces et de morceaux. La tête dont la mâchoire est animée se fixe au torse par un double piton; le torse et le bassin, faits d'une simple planchette, sont reliés entre eux par une bande de cuir épais; les jambes, liées au bassin par deux languettes de cuir, sont à charnière de bois pour les genoux et pour

LE PAUVRE CHAT, PAR BOILLY, 1825.
(Collection de M. O. Grousset).

les pieds ; enfin, les bras coudés par des pitons entrelacés sont reliés par le même moyen aux omoplates.

Ainsi conçus, ces petits personnages sont d'une élasticité parfaite.»

Nous avons donné cette description tout au long afin de bien nous rendre compte, jusque dans les détails, de l'ingéniosité qui préside à la construction d'une marionnette. C'est un instrument de précision pour lequel on a tout prévu et toutes les attitudes humaines sont permises. Il faut pour le faire marcher autant de virtuosité qu'il en est nécessaire à un violoniste pour faire vibrer ses notes et moduler ses gammes.

Mais ce sont là marionnettes pour gens du métier, qui s'exercent constamment à les manier; l'amateur qui se risquerait à y toucher aurait de grandes chances de brouiller tous les fils avant d'obtenir un seul mouvement.

CHAPITRE III

COMMENT ON JOUE AVEC LES MARIONNETTES
A MAIN

Les marionnettes à mains, qui sont les plus répandues, dont on joue dans tous les salons, sont aussi celles qui demandent les installations les moins compliquées et les moins coûteuses.

On peut arriver à se construire soi-même facilement un théâtre, en formant avec plusieurs caisses une sorte de grande boîte, où peuvent s'introduire les deux personnes chargées de jouer la pièce. Dans le haut de la boîte est pratiquée une ouverture par laquelle on fait apparaître les personnages. A l'occasion, on ferme cette ouverture d'un rideau rouge qui, selon l'ingéniosité du constructeur se tire de droite à gauche ou de haut en bas. Derrière l'ouverture, on place des décors, morceaux de carton découpés et peints sur lesquels on a figuré un paysage, une chambre, ou la place publique d'une ville. Ces décors figurent la scène.

A la rigueur, l'installation peut être encore plus simple. Il suffit, en effet, pour avoir instantanément un théâtre de Guignol, d'enlever une porte et de tendre un épais rideau entre deux montants. Caché derrière, on fait alors simplement apparaître les personnages au-dessus du rideau. Un modèle ingénieux de ces théâtres d'amateurs, et qui peut servir d'exemple, est celui que construisit en 1849 le romancier George Sand aidé de son fils. Leur installation qui devint quelques années plus tard le *Théâtre des Amis* fut d'abord sommaire. « On se contenta en effet d'une chaise dont le dossier tourné vers le spectateur soutenait un grand carton à dessin et une serviette dérobait aux regards les opérateurs forcément agenouillés. »

Dans les théâtres complets, afin d'éclairer la scène, on remplace la rampe des vrais théâtres par quelques bougies placées à l'intérieur de la boîte.

Les personnages sont plus difficiles à fabriquer que le théâtre. Les visages sont, en effet, difficiles à tailler de façon à leur donner des ressemblances. Seuls, de véritables artistes peuvent arriver à ce résultat. Aussi le plus simple est-il de les acheter tout fabriqués. On les trouve chez des marchands spéciaux qui les taillent eux-mêmes dans des bûches de tilleul ou de noyer, donnent aux physionomies des expressions naïves et toujours semblables, à Guillaume un air éternellement étonné et fripon, au gendarme un air courroucé.

Les figures ne manquent jamais d'être fortement enluminées. Les plus riches couleurs vermillonnes s'épanouissent sur les joues et les cheveux sont peints du noir le plus indélébile. Construites dans un seul bloc, elles sont solides, en prévision des coups de trique qui ne leur seront pas ménagés, elles peuvent résister à tous les chocs.

Ce sont toujours les mêmes figures que l'on retrouve chez les marchands, sculptées suivant la même tradition, car toutes les marionnettes à mains sont des personnages du théâtre Lyonnais.

Comme les figures, les costumes sont immuables ; le propriétaire se reconnaîtra éternellement à sa robe de chambre et Gnafron à son tablier, vêtements simples, d'ailleurs, de gros drap, solides, afin de résister aux pires tiraillements des scènes de ménage.

Si robustes que soient les marionnettes, il arrive parfois que le bâton de Guignol fasse sauter un œil ou abatte un nez. Dans ce cas un peu de colle suffit à rendre jolis les visages les plus défi-

gurés; un peu de peinture rend la jeunesse aux plus vieilles marionnettes.

Au XIXe siècle, plusieurs amateurs excellèrent dans la construction des pantins et mirent dans l'expression de leurs visages, dans
la coupe de leurs habits une délicieuse fantaisie. Ce ne sont pas toujours les types classiques, mais précisément ils attirent davantage
par leur imprévu et leur originalité! C'est ainsi que Lemercier de

LE THÉATRE DE JOSSERAND, RUE ECORCHEBŒUF A LYON
par G. RANDON. (Extrait du *Journal amusant*, 1871.)

Neuville voulant amuser son enfant malade construisit les « pupazzi »,
marionnettes poupées, en y mettant tout son talent et tout son cœur.
Ces « pupazzi » s'exprimèrent par la bouche de cet écrivain en un
langage très châtié; ce furent des marionnettes littéraires.

George Sand aussi construisit ses pantins, arrivant par les moyens
les plus simples à des effets surprenants. Ce ne furent d'abord que des
bûchettes à peine dégrossies, emmaillotées de chiffons aux couleurs
voyantes. Un jour qu'elle eut besoin de fabriquer un monstre vert
destiné à engloutir Pierrot, elle se servit pour former la gueule d'une

paire de pantoufles doublées de rouge et d'une manche de satin bleuâtre. Si bien que ce monstre, qu'on appelait le monstre vert, était bleu.

George Sand qui aida à la construction de quatre cents marionnettes destinées au théâtre des amis de son fils Maurice Sand, avait d'ailleurs des idées très arrêtées sur ce qu'elles devaient être. Voici ce qu'elle en dit :

« Elle doit être sculptée avec soin, mais assez largement ; trop fine, elle devient insignifiante. Elle doit être peinte à l'huile sans aucun vernis, avoir de vrais cheveux et de vraies barbes. Les yeux peuvent être en émail, comme ceux des poupées. Nous les préférons peints, avec, comme prunelle, un clou noir rond et bombé. Ce clou verni reçoit la lumière à chaque mouvement de la tête et produit l'illusion complète du regard ».

« On soignait à Nohant spécialement le point lumineux des yeux ; les jours de représentations carillonnées, on leur donnait un coup de lime qui remplaçait avantageusement le vernis parfois un peu éteint qui les recouvrait. La quincaillerie intervenait encore dans une circonstance grave ; quand les pièces avaient cinq personnages, il était souvent nécessaire, n'ayant que deux opérateurs, d'asseoir l'une des marionnettes, mais on ne pouvait l'abandonner sans que sa tête fût fixée au siège qui la portait. On avait donc muni les sièges d'un crochet et les têtes d'un piton dissimulé par la chevelure.

« Il fallait une grande adresse, dit George Sand, pour faire entrer vite le crochet et quelquefois le personnage s'agitait convulsivement sur son siège sans pouvoir s'y fixer. Mais l'improvisation tirait parti de tout.

— Qu'avez vous donc, lui demandait un autre personnage ? Êtes-vous souffrant ?

— Oui, répondait le patient condamné à s'accrocher. C'est une maladie grave qu'on appelle le piton.

— Bah ! je connais ça ; nous y sommes tous sujets. »

LA COMÉDIE DU CHAT
DERRIÈRE LA TOILE par Jules DAVID, 1850.
(Collection de M. O. Grousset.)

Maintenant que le théâtre est construit, que tous les personnages sont présents, il n'y a plus qu'à frapper les trois coups traditionnels et à lever le rideau. Mais auparavant il faut s'assurer que les marionnettes sont disposées à portée de la main de telle façon qu'on puisse introduire facilement l'index dans la cavité de la tête, le pouce et un autre doigt dans les manches des habits. Pour plus de sécurité et pour éviter les tâtonnements, il faut toujours placer les personnages aux mêmes places. Par suite d'artifices, il peut même sembler y avoir plus de personnages encore dans la pièce. Ainsi, quand Guignol fait le mort, étendu sur le bord de la scène, il n'y a qu'à retirer la main doucement de dessous les habits, ce qui imitera admirablement les soubresauts de l'agonie, et saisir vivement un troisième personnage qui fera ainsi vivement son entrée en scène.

Dès que le personnage apparaît sur la scène, il s'agit de lui donner l'illusion de la vie. Pour cela, il ne faut jamais le laisser immobile ; dans sa petite personne, toujours quelque chose doit remuer, la tête ou les bras doivent s'agiter.

Un de ceux qui ont su le mieux faire mouvoir les marionnettes fut un Lyonnais, nommé Pierre Rousset. Il faut lui entendre raconter sa manière de jouer :

« Dans les passages émouvants, quand Guignol faisait pleurer, j'avais des frissons dans les doigts. Tout le monde me disait : « Il vit, votre Guignol, il vit. » Il faut avoir une bonne voix bien flexible, capable tour à tour de joies et de larmes ; mais surtout il faut avoir de l'émotion dans les doigts. Je me souviens qu'un soir, je fis rire mon public pendant plus de cinq minutes, sans dire un mot, rien que par les gestes seuls de Guignol regardant partir Madelon après une scène orageuse. »

A l'instar de ce grand montreur de marionnettes, qui fut un maître inégalable, il faut s'essayer à faire vivre les personnages ; il ne faut pas craindre d'exagérer les gestes, d'élever les bras désespérément et de les coller contre la tête avec les marques de la

plus vive affliction, de faire rentrer ou ressortir les épaules de
la façon la plus comique.

C'est ainsi qu'on arrive à faire croire aux spectateurs qu'ils ont
devant eux des artistes vivants. Ceux-ci croient voir, au bout de
quelques minutes, les lèvres s'entrouvrir, les yeux s'animer. Comme
les décors sont proportionnés aux acteurs, les spectateurs finissent
par perdre la notion de leur petitesse, ils s'imaginent avoir devant
eux des hommes vivants ; c'est une vision fantastique, car les
jambes ont une rapidité singulière, les bras exécutent des moulinets invraisemblables, et les yeux semblent parfois hagards.

A tout cela s'ajoute le tremblement naturel de la main levée,
qui mieux que tout donne la vie à l'être, et aussi les inflexions
singulières des voix des personnages.

Pour déguiser sa voix et pour la changer complètement selon
qu'on a à faire parler des personnages d'âge, de sexe et de condition différents, on se sert depuis très longtemps — l'usage en
remonte aux Romains — d'instruments d'ivoire ou de métal qu'on
nomme sifflets-pratiques. Ces sifflets-pratiques sont le plus souvent
composés de deux lamelles de fer-blanc unies et séparées par un
petit ruban. On les introduit dans la bouche entre la langue et le
palais ; on obtient ainsi des intonations variées et surtout des sons
éclatants et stridents qui sont devenus l'une des caractéristiques
du personnage de Polichinelle. L'usage de ce sifflet est assez malaisé ;
dans les débuts on risque souvent de l'avaler.

Quelquefois on se dispense du sifflet-pratique, soit qu'on veuille
reprendre pour un instant la voix naturelle, soit qu'on veuille imiter
en l'exagérant l'accent de tragédiens célèbres, de politiciens, de
conférenciers connus.

Et enfin, la plus grande qualité pour un joueur de marionnettes,
qualité qui en fait l'égal des dramaturges et des écrivains, c'est de
savoir improviser. Dans le théâtre de Guignol, il ne faut pas en effet

E.   26

qu'une pièce ait l'air apprise. Assurément il faut connaître à l'avance un sujet déterminé et se rappeler ses lignes générales, mais avant tout il faut du naturel. Il faut que l'expression soit imprévue et jaillisse de source. Il est préférable que le langage soit moins correct et moins châtié, mais qu'il semble sortir sans apprêt des lèvres du personnage. L'esprit d'à-propos est toujours celui qui fait le plus rire le spectateur, de même qu'un geste inattendu.

Le joueur de marionnettes doit s'abandonner à l'inspiration du moment. Son meilleur guide est le public qui se chargera par ses applaudissements, de marquer les innovations heureuses. Dans le théâtre de Guignol il arrive souvent que les scènes les plus étourdissantes ne sont que jeux de doigts, inexprimables avec des mots et dont on rechercherait en vain la trace dans les pièces de comédie écrites à l'avance.

Voici, en exemple, une des plus célèbres scènes du théâtre de Guignol, extraite du « *Déménagement* ». On comprendra, en la lisant, que ce n'est qu'un canevas sur lequel on peut broder à l'infini les plaisanteries et les jeux de scène ; le joueur de marionnettes ne doit pas s'attacher à répéter mot pour mot ce qui est écrit, mais au contraire à exécuter des variations fantaisistes sur le thème donné.

Canezou, seul. — Qu'on est malheureux d'être propriétaire aujourd'hui ! J'ai été obligé de faire à mes maisons des réparations considérables. On a tellement abaissé le sol de la rue qu'il m'a fallu y ajouter trois étages... par dessous... Avec cela, personne ne paie... La Saint-Jean est passée, la Noël est venue, et point d'argent... Il faudra que je fasse un exemple et que je fasse vendre le mobilier d'un des récalcitrants. J'ai surtout ce Guignol qui me doit neuf termes et qui ne répond à mes réclamations que par des balivernes... Il faut que je l'intimide, que j'obtienne de lui un acompte, ou que je l'expulse... Allons, finissns-en... Mais mes rhumatismes ne me permettent pas de monter jusqu'à son neuvième étage, et je n'ai pas envie d'entrer chez lui ; je ne sais pas comment il me recevrait... je m'en vais l'appeler... Monsieur Guignol, Monsieur Guignol, Monsieur Guignol !

Guignol, de l'intérieur. — Je n'y suis pas.

Canezou. — Comment ! vous n'y êtes pas, et vous me répondez !

Guignol, de même. — Je ne peux pas sortir ; je mets une pièce à mon pantalon qui est déchiré au coude.

Canezou. — J'ai à vous parler, voulez-vous descendre ?

Guignol, à la fenêtre. — Si je veux des cendres ?... J'en ai pas besoin, j'en ai plein mon poêle.

Canezou. — Le drôle ne viendra pas tant qu'il saura qu'il a affaire à moi. Il faut que je déguise ma voix et que je lui fasse croire que le facteur lui apporte une lettre. (*Il frappe neuf coups avec roulement, comme frappaient jadis les facteurs de la poste, et se cache.*)

Guignol, de l'intérieur. — Qu'est-ce que c'est ?

Canezou, contrefaisant sa voix. — C'est le facteur, je vous apporte une lettre, chargée ; il y a de l'argent dedans.

Guignol. — De l'argent, je dégringole ! (*On l'entend descendre les neuf étages. Arrivant.*) Ah ! nom d'un rat ! le propriétaire !... je suis pincé !... (*A Canezou*) : On n'a pas besoin de vous, mon brave homme ! on a ramoné les cheminées il y a huit jours.

Canezou. — Sapristi, je ne suis pas le ramoneur, je suis votre propriétaire, je viens...

Guignol. — Ah ! c'est vous, M'sieu Canezou, je ne vous remettais pas, je vous demande pardon ; comment ça va-t-il ?

Canezou. — Ça ne va pas mal ! Je viens savoir, Monsieur Guignol...

Guignol. — Ah ! il a fait un bien grand vent l'autre jour. Je me suis laissé dire qu'il y avait un homme auquel le vent avait emporté son chapeau, ses bas, et tous les boutons de son pantalon ; ça le gênait pour marcher. Ça ne serait pas vous, par hasard ?

Canezou. — Il est vrai que le vent a été très fort... mais il ne s'agit pas de cela... Je viens savoir quand nous en finirons pour notre compte.

Guignol. — Notre compte !.. Oh ! si vous me devez quelque petite chose, ne vous gênez pas ; je ne suis pas pressé !

Canezou. — Mais je le suis, moi !.. C'est de mon loyer que je veux parler.

Guignol. — Vous voulez payer votre loyer ?.. Ah ! vous avez bien raison... faut jamais rien devoir.

Canezou. — Monsieur Guignol, ces plaisanteries-là ne sont pas de bon goût !... Vous me devez neuf termes. (*Il s'avance vers lui.*)

Guignol. — Ah ! nom d'un rat ! ne parlez pas de si près... Il manque des dominos à votre jeu, et, quand vous êtes en colère. vous m'envoyez des postillons... comme un feu d'artifice... C'est pas amusant !

Canezou. — Le drôle m'insulte ; mais il faut me contenir... Voulez-vous me payer oui, ou non ?

Guignol. — Oui.

Canezou. — Ah !

Guignol. — Oui, je veux bien vous payer, mais je n'ai pas d'argent.

Canezou. — Vous n'avez pas d'argent ? Je vous en ferai bien trouver.

Guignol. — Vous me rendrez service, par exemple.

Canezou. — Vous avez un mobilier ?

Guignol. — Oui, oui, un mobilier de luxe. On m'en donnerait bien trente sous au Mont-de-Piété ?

Canezou. — Vous avez une commode ?

Guignol. — Je ne l'ai plus ; elle m'était devenue incommode... les logements sont si petits aujourd'hui.

Canezou. — Et votre miroir antique ?

Guignol. — Je l'ai vendu cet été pour boire à la glace !

Canezou. — Vous aviez une table en noyer ?

Guignol. — Oui, mais un jour on a mis la marmite dessus... La marmite fuyait, ça a fait un trou ; la table s'est toute démolie.

Canezou. — Vous me faites des contes à dormir debout.

Guignol. — Vous avez bien raison... Allons nous coucher !

Canezou. — Voyons, Monsieur Guignol, je veux être bon avec vous... Voulez-vous gagner vingt francs ?

Guignol. — Pour ça, je veux bien... Que faut-il faire ?

Canezou. — Je vais vous expliquer... Vous me devez trois cent vingt francs pour neuf termes... Eh bien! je vous laisse quitte à trois cents francs... payez les moi; c'est vingt francs que vous gagnez.

Guignol. — Ah ! c'est donc ça ! vous êtes un vieux malin, vous !.. Eh bien! je veux bien; mais voilà comment nous allons nous arranger... Vous allez me donner les vingt francs en argent, et moi je vous donnerai mon billet pour les trois cent vingt... Vous aurez la signature Guignol.

Canezou. — Vous vous moquez de moi... Eh bien! je vous ferai changer de ton... je vais vous faire un commandement.

Guignol. — Les commandements ! ah ! je connais ça ; on me les a appris quand j'étais petit : Tes père et mère...

Canezou. — Eh bien ! il y en a un que vous avez oublié :

> Ton propriétaire tu paieras
> à Noël et à la Saint-Jean.

Guignol. — Ah! c'est pas comme cela qu'on me l'a appris :

> A ton vilain propriétaire...

Canezou, l'interrompant. — Le drôle a réponse à tout... Voyons, je veux en terminer... Je vous donne quittance ; mais à une condition... une seule... Videz les lieux.

Guignol. — Ah ! par exemple, ce n'est pas mon état ; je ne travaille pas sur cette matière.

Canezou. — Eh bien ! je les ferai vider par l'huissier.

Guignol. — Allez les chercher, vos huissiers ! Il faudra bien toujours qu'ils se bouchent le nez en saisissant cela.

(Canezou sort furieux. Le déménagement, à la cloche de bois, a lieu au clair de lune. Guignol, Madelon et Gnafron passent sur la scène en emportant les objets du ménage, et en échangeant des lazzis sur les objets déménagés, dont une seringue, une poêle percée, etc... cette partie du dialogue contient tant de fantaisie et de variété suivant l'imagination du joueur de marionnettes quelle est impossible à transcrire.)

CHAPITRE IV

COMMODITÉ ET SUPRÉMATIE DES MARIONNETTES A MAIN

De cette rapide revue des différentes sortes de marionnettes, on peut conclure, que si elles s'imposent les unes et les autres par des qualités différentes, il y en a que nous devons dès maintenant renoncer à employer.

La plupart du temps en effet, les théâtres de marionnettes qu'on peut construire dans les maisons n'ont pas plusieurs mètres de haut, comme ceux des marionnettistes prestidigitateurs dont nous avons parlé. Ils nécessitent d'ailleurs de grandes dépenses et le concours de plusieurs personnes.

Bien qu'étant les plus curieux, au point de vue du fonctionnement, il est donc inutile de nous en occuper davantage.

Ce n'est pas d'ailleurs une raison pour renoncer aux marionnettes à fils. Il en est de fort simples et peu coûteuses, munies d'une unique tige pour les soutenir, qui peuvent, si elles sont bien maniées, devenir fort attrayantes. A une certaine distance, elles peuvent même faire illusion.

Mais il est certain que les plus pratiques pour les amateurs, sont les marionnettes à main, les plus répandues d'ailleurs, celles dont le procédé a permis au théâtre Lyonnais d'acquérir tant de gloire. Non seulement on les préfère souvent parce qu'elles sont plus maniables,

mais encore parce qu'on estime souvent qu'elles rendent des services
dont sont incapables les marionnettes à fils.

Madame George Sand qui fut une grande admiratrice des petits
fantoches de bois, préférait ouvertement les marionnettes à mains
aux marionnettes à fils. Redonnant aux premières leur vrai nom de
burratino et aux secondes leur nom de fantoccino, elle a exprimé
nettement son admiration.

« Vous savez ce que c'est qu'un théâtre de Marionnettes? C'est un
théâtre à deux opérants, soit quatre mains, c'est-à-dire quatre personnages en scène, ce qui permet un assez nombreux personnel de
burattini.

— Qu'est-ce que cela burattini?

— C'est la marionnette classique, primitive et c'est la meilleure.
Ce n'est pas le fantoccino de toutes pièces qui, pendu au plafond par
des ficelles, marche sans raser terre ou en faisant un bruit ridicule
et invraisemblable. Ce mode plus savant et plus complet de la
marionnette articulée arrive avec de grands perfectionnements de
mécanique à simuler des gestes assez vrais et des poses assez gracieuses. Nul doute qu'on ne puisse en venir, au moyen d'autres
perfectionnements à imiter complètement la nature. Mais, en creu-
sant la question, je me suis demandé où serait le but et quel avantage l'art pourrait retirer d'un théâtre d'automates. Plus on les fera
grands et semblables à des hommes, plus le spectacle de ces acteurs
postiches sera une chose triste et même effrayante.

....Tenez, vous voyez cela? une guenille, un copeau qui vous
semble à peine équarri. Mais voyez ma main s'introduire dans ce
petit sac de peau, voyez mon index s'enfoncer dans la tête creuse,
mon pouce et mon doigt du milieu remplir cette paire de manches
et diriger cette petite main de bois qui vous apparaissent courtes,
informes, ni ouvertes ni fermées et cela à dessein pour escamoter à
la vue leur inertie. Cette figure largement ébauchée et peinte d'un
ton mat et assez terne prend peu à peu dans son mouvement l'appa-

rence de la vie. Si je vous montrais une belle marionnette allemande vernie, enluminée, couverte de paillons et remuant avec des ressorts vous ne pourriez pas oublier que c'est une poupée, un ouvrage mécanique, tandis que mon burattino souple, obéissant à tous les

LE JUGE

Pupazzo de Lemercier de Neuville.

mouvements de mes doigts, va, vient, tourne la tête, croise les bras, les élève au ciel, les agite en tous sens, salue, soufflette, frappe la muraille avec joie ou avec désespoir. Eh! vous croyez voir toutes ces émotions se peindre sur sa figure, n'est-il pas vrai? D'où vient ce prodige, qu'une tête si légèrement indiquée, si laide à voir de près,

E.

prenne tout à coup, dans le jeu de la lumière, une réalité d'expression qui vous en fait oublier la dimension réelle? Oui, je soutiens que, quand vous voyez le burattino dans la main d'un véritable artiste sur un théâtre dont les décors, bien entendu, la dimension,

BELENFANT-DES-DAMES

Pupazzo de Lemercier de Neuville.

les plans et l'encadrement sont bien en proportion avec les personnages, vous oubliez complètement que vous n'êtes pas vous-même en proportion avec cette petite scène et ces petits êtres, vous oubliez même que la voix qui les fait parler n'est pas la leur. Ce mariage impossible en apparence, d'une tête grosse comme mon poing et d'une voix aussi forte que la mienne, s'opère par une sorte d'ivresse mystérieuse où je sais vous faire entrer peu à peu, et tout le prodige vient... savez-vous d'où vient le prodige? Il vient de ce que le burattino n'est pas un automate, de ce qu'il obéit à mon caprice, à

UN ACADÉMICIEN

Pupazzo de LEMERCIER DE NEUVILLE.

mon inspiration, à mon entrain, de ce que tous ses mouvements sont la conséquence des idées qui me viennent et des paroles que je lui prête, de ce qu'il est moi, enfin, c'est-à-dire un être et non pas une poupée. »

N'est-ce pas le plus bel éloge qu'on puisse faire des gentilles marionnettes. C'est à l'honneur de George Sand de les avoir si bien comprises ; c'est à la gloire des marionnettes d'avoir su inspirer une page aussi belle et aussi enthousiaste.

Nous ne pouvions mieux terminer ; nous n'avons plus qu'à saluer le lecteur, en même temps que le directeur de théâtre.

> Il ne me reste plus que deux mots à vous dire,
> Pour vous plaire, Messieurs, rien ne fut épargné
> Je vous prie un éclat de rire
> Je vous assure allez… nous l'avons bien gagné,
> Sinon de la gaîté, du moins de l'indulgence.
> Imitez en ce point nos places à six sous,
> Ou bien le Directeur s'élance
> La tête la première au dixième dessous.

CONCLUSION

Assemblées pour nous satisfaire, la troupe divine des marionnettes va reprendre sa course à travers le monde.

Déjà se forme le cortège triomphal des immortelles figures qui nous ont apporté l'âme des passés morts ; et déjà s'en vont vers tous les points des cieux les marionnettes étrangères qui sont les images des peuples vivants ; le cortège s'éloigne, au son d'une musique grêle ; des bayadères et des danseurs l'entourent, dont les enlacements souples font au cortège une mouvante couronne. Toutes les couleurs chantent sur les minuscules habits : on dirait qu'un arc-en-ciel est descendu sur eux : teintes pâlies des princesses féeriques, bigarrures des arlequins canailles, blancheurs des pierrots inconsolés.

Les marionnettes sont parties. Mais, semblables aux abeilles qui s'aventurent dans les calices et butinent les corolles, elles ont pris dans le monde le miel des idées ; c'est pourquoi l'air est parfumé, comme lorsqu'un essaim d'abeilles est passé, emportant dans son vol l'élixir des fleurs.

Car elles sont l'éternelle joie du monde ; elles lui apportent la gaîté qui est la fortune des âmes ; elles lui apportent la grâce et l'harmonie qui sont le sourire des corps.

Elles ont une incomparable pureté. Elles tirent leur origine des vertus premières de l'humanité ; elles sont nées de deux désirs, dont l'un est le plus noble et l'autre le plus tendre parmi ceux qui honorent les hommes.

C'est un noble désir qui les façonna et qui les dressa pieusement dans les temples, où miraculeusement elles se transformèrent en idoles sacrées. Plutôt, ce ne fut point un miracle. Elles furent adorées parce que des artistes primitifs avaient pris beaucoup de peine à les faire ressembler à des hommes et que, pénétrés d'un naïf orgueil, ils s'étaient efforcés de rendre plus exactes et plus vraies leurs formes humaines, dans la pensée qu'ils les rendaient plus adorables.

Les marionnettes, idoles immobiles, fixèrent pour un instant les rêves changeants des hommes qui cherchent la beauté.

C'est aussi un tendre désir qui leur donna la vie. Fillettes et chérubins des premiers âges, lorsque vous saisîtes dans vos mains inhabiles des figures grossières habillées de chiffons, la tendresse de votre cœur naissant éveilla les âmes engourdies dans les morceaux de bois et de terre cuite. Vous en fîtes, en les berçant, des êtres humains ; vous leur insufflâtes les passions qui tuent, les désirs qui font vivre, les vices et les vertus qui se battent dans les poitrines. Vous fûtes des mères uniques, sans souffrance et sans faiblesse. Et depuis des milliers d'années vous les chérissez d'un amour immuable.

Vos tendres soucis ont eu leur récompense. Parfois, nourrices frêles, vous avez eu de la peine à bercer vos lourds enfants de porcelaine ou de carton, et la fatigue vous a rompu les bras ; mais, par contre, vous avez eu la joie d'imposer toutes vos volontés et d'être toujours obéies sans hésitation ni murmure. Vous avez éprouvé le grand plaisir qu'éprouvent tous ceux qui aiment : plaisir d'avoir un esclave, plaisir de tyranniser.

Quand les poupée, ayant pris de l'âge, abandonnèrent leurs berceaux, elles coururent le monde sous le nom de marionnettes. Mais leurs vagabondages ne leur firent jamais oublier celles qui leur avaient donné une âme ; par reconnaissance, elles eurent à cœur, avant tout, de divertir les fillettes et leurs compagnons les bambins.

Elles divertirent les enfants des pauvres comme des plus opulents.

Un jour, elles s'aperçurent que dans les palais, les dauphins et les princesses, malgré le luxe de leurs jouets, s'ennuyaient à mourir, au milieu de gens graves ; elles revêtirent alors des costumes de Cour splendides, et, dressées devant la majesté des trônes, elles mirent des sourires aux visages soucieux des futurs rois. Elles revêtirent aussi des costumes déguenillés, sans répugnance, afin d'accomplir chez les indigents leur joyeuse et réconfortante mission ; elles s'exposèrent aux carrefours des rues, bravant le soleil et la pluie, et elles firent aux petits mendiants l'aumône de leur gaîté ; elles comprirent que les malheureux avaient besoin plus que les autres de rêver à de belles fictions pour ne plus penser à leurs sorts.

Puis l'auditoire s'élargit ; il fallut dans les baraques laisser entrer la foule. Ils aiment aussi à rire, les hommes, autant que leurs enfants. Ce furent alors des triomphes populaires que, sans les avoir cherchés, les marionnettes connurent, triomphes auxquels aspirent sans toujours y atteindre les génies les plus ambitieux. Le peuple, pour qui on travaille peu, aime celui qui se fait comprendre, qui descend à sa portée. Or les marionnettes disent bien ce qu'elles veulent, sans souci de beau langage et sans obscurité ; leurs gestes et leurs paroles, étant clairs, plaisent à toutes les âmes simples.

Elles ont reçu, d'ailleurs, pour les séduire tous les dons de la nature. On dirait que de bonnes fées ont veillé à ce que rien ne leur manquât. Toutes les industries des hommes ont contribué à leur perfection. Les sculpteurs leur ont donné la forme et les peintres y ont ajouté la parure des couleurs afin que leur vue fût à elle seule une caresse et un plaisir. Des mécaniciens leur ont donné le mouvement, qui est la grâce permanente et visible de la vie ; des musiciens leur ont donné la mesure des gestes et des pas, le pouvoir harmonieux de la danse. Les poètes leur ont donné la parole, l'enchantement et la persuasion, la force d'exprimer les belles idées, hardiment et sans peur. Les philosophes, ou peut-être les fous — qui sont souvent des sages, — leur ont donné le rire et l'ironie : ce don ne fut pas le moins précieux.

Enfin l'humanité leur a donné son spectacle : incomparable butin que les marionnettes pillèrent avidement. Elles en extrayèrent les ridicules qui se cachaient, les faiblesses qui cherchaient l'ombre, les bassesses qui croupissaient. Elles étalèrent ces tristes dépouilles à la lumière, mais dans un but généreux pour en détourner les hommes. Même, dans leur ardeur moralisatrice, elles exagérèrent les vices pour en inspirer plus d'horreur. Si parfois elles composèrent une humanité contrefaite, c'est afin qu'on rêvât d'une humanité idéale et parfaite. Elles flagellèrent, sans cesser de rire et de faire rire ; au bout de leurs fouets s'agitaient les grelots de la folie.

Elles incarnèrent aussi les grandeurs humaines ; elles exaltèrent les héroïsmes du cœur et les noblesses de l'esprit. Elles furent de sublimes révoltées, à toutes les époques d'asservissement ; elles luttèrent contre les puissants ; elles s'insurgèrent contre la force brutale. Elles furent les champions de toutes les libertés. Elles furent les initiatrices de la beauté, de la vérité.

Vraiment, ce sont les filles de nos rêves, animées de tous nos frissons. Êtres réels et êtres de légende : hauts comme trois pouces, ils personnifient l'humanité ; ils la dépassent. Sublimes créations enfantées par la foule et que Shakspeare lui-même, père d'Otello et de Roméo, ne surpassa jamais ! Leurs paroles éternelles empruntent des voix de mystères, voix bizarres, exagérées et pathétiques, qui semblent venir d'un au-delà lointain, qui inquiètent sur les lèvres immobiles et closes.

La vision des pantins de bois hante, jusque dans leurs travaux, les savants, les philosophes et les poètes. Platon et Aristote, les plus grands sages de la Grèce, puis l'empereur Marc-Aurèle, ne dédaignent pas d'en parler dans leurs écrits et de célébrer leur grâce et leur perfection qui les rend presque semblables aux hommes.

Au Moyen-Age, des savants, dont la science était si merveilleuse qu'on les tenait pour sorciers, s'ingénièrent à construire des marionnettes étranges. Ils auraient voulu leur donner l'intelligence, la pensée.

Au xviiie siècle, Voltaire, le plus spirituel des philosophes et le plus moqueur des hommes, s'interrompit d'écrire des pièces de théâtres pour tirer les fils des marionnettes devant une société d'élite où les esprits forts voisinaient avec les beaux esprits, tels que le mathématicien d'Alembert et le moraliste Diderot.

Puis, en Allemagne, c'est Gœthe à qui un jeu de marionnettes, spectacle préféré de son enfance, inspira, dit-on, son plus sublime ouvrage, Faust.

Au xixe siècle, c'est George Sand qui s'enthousiasme pour les fantoches et qui, entre deux romans qui lui donnent la gloire, écrit sur les marionnettes des pages exaltées, débordantes de tendresse, d'admiration. On dirait presque de passion.

De notre temps, enfin, le plus grand des écrivains français, le maître Anatole France, adresse aux marionnettes, dans une langue suave et immortelle, des louanges incomparables : il les proclame divines.

Ainsi, créées par les enfants dans les sociétés primitives, les marionnettes eurent la fortune singulière d'entraîner à leur suite une foule d'admirateurs pour finalement séduire, dans notre extrême civilisation ceux qui ont goûté et qui ont épuisé toutes les joies de l'esprit, les plus sceptiques et les plus blasés. La fillette aux bords du Nil antique et, après des milliers de siècles, le philosophe qui contient des trésors accumulés de science et de sagesse, caressent avec piété la même figure. Assurément, on aime aujourd'hui en elles de mystérieux symboles. D'avoir été des idoles dans les religions primitives, les marionnettes ont conservé autour d'elles un parfum d'adoration. Elles gardent une grandeur étrange, parce qu'elles ont été redoutables et aimées. D'avoir traversé le Moyen-Age dans les mains des

E.

28

sorciers, elles ont conservé autour d'elles une odeur de maléfice, un parfum de magie.

Mais, surtout, le philosophe retrouve dans les marionnettes d'aujourd'hui la naïveté des âges disparus, la fraîcheur des âmes neuves. On éprouve le même charme à les écouter qu'à lire dans l'*Iliade* et dans l'*Odyssée* les discours des chefs grecs. C'est la même grâce ingénieuse et sauvage.

C'est pourquoi Anatole France, parlant des divines héroïnes, enferma dans cette phrase la raison de nos émerveillements : « Les choses exquises, quand elles sont naïves, sont deux fois exquises. »

Ainsi font font font

Les petites marionnettes,

Elles font font

Trois petits tours et puis s'en vont.

TABLE DES MATIÈRES

TABLE DES GRAVURES

PREMIÈRE PARTIE

DEUXIÈME PARTIE